MARKETING
STARTS
FROM BEING
REFUSED

面对拒绝，
你该怎么办？

销售从
极拒绝开始

潘鸿生 ◎ 编著
PAN
HONGSHENG
BIANZHU

U0686125

新华出版社

图书在版编目（CIP）数据

销售从被拒绝开始 / 潘鸿生编著 . -- 北京：新华
出版社，2019.8

ISBN 978-7-5166-4814-8

Ⅰ . ①销… Ⅱ . ①潘… Ⅲ . ①销售－方法 Ⅳ .
① F713.3

中国版本图书馆 CIP 数据核字（2019）第 177934 号

销售从被拒绝开始

编　　著：潘鸿生

责任编辑：李　宇　　　　　　　　封面设计：U+Na 工作室

出版发行：新华出版社
地　　址：北京石景山区京原路 8 号　邮　　编：100040
网　　址：http://www.xinhuapub.com
经　　销：新华书店、新华出版社天猫旗舰店、京东旗舰店及各大网店
购书热线：010-63077122　　中国新闻书店购书热线：010-63072012

照　　排：博文设计制作室
印　　刷：永清县晔盛亚胶印有限公司

成品尺寸：145 mm×210mm　1/32
印　　张：7　　　　　　　　字　　数：150 千字
版　　次：2019 年 9 月第一版　　印　　次：2019 年 9 月第一次印刷

书　　号：ISBN 978-7-5166-4814-8
定　　价：38.00 元

前　言

　　在销售过程中，销售人员总会遇到无数种被拒绝的状况。面对拒绝，有些销售人员一筹莫展，不知道怎么解决，甚至怀疑自己根本就不适合做销售员，打算从此离开销售行业。其实，销售是从被拒绝开始的，一个伟大的销售员，必定是在被拒绝中成长起来的。

　　销售是一门与人打交道的学问。其销售的性质决定了这是一份不断被客户打击和拒绝的工作，失败的次数要远远大于成功的次数。无论你在销售过程中表现得有多好或者说经验丰富，你仍然会遇到一些对你说"不"的客户。如果你没有从客户那里得到任何的拒绝，你可能不会有任何成长，更不会取得成功。因此，你若想成为真正的赢家，你就必须学会接受拒绝和克服拒绝。

在实际销售过程中，真正导致业绩平庸的，不是销售员们经常抱怨的激烈的同行竞争、萧条的市场环境、难缠的客户，而是潜在他们内心深处消极的心态——害怕被客户拒绝。成熟的销售人员并不把拒绝当做是成交的障碍，而是视为一次提升自己的绝好机会。每一次销售失败都应当是你再一次成功的开始。大多数销售人员会有这样一个感受，即成功的销售是从接受顾客无数次拒绝开始的。勇敢地面对拒绝，并不断从拒绝中汲取经验教训，不气馁不妥协，这是销售人员应学会的第一课。

面对客户的拒绝，我们需要做的是要让自己习惯于在拒绝中找到快乐，习惯去欣赏拒绝。在拒绝面前，我们要有从容不迫的气度和经验，不要因遭到拒绝而灰心丧气。因为销售成功就隐藏在拒绝的后面。

本书从销售实战的角度出发，介绍了销售员如何正确地面对客户，如何化解客户的拒绝，如何通过自己的努力，把客户的拒绝转变为销售的契机，为销售员提供了有效的可资借用的方法。

目　录

第一章　自我激励——成功从对自己说"是"开始

第二章 越挫越勇——拒绝是成功销售的开始

第三章 亮出自己——让客户无法拒绝的自我推销术

第四章　积极行动——迈出伟大的第一步

第五章　学会说话——让客户无法拒绝的沟通技巧

第六章 积累人脉——先交朋友后做生意

第七章 绝对成交——让客户无法拒绝你的成交秘诀

第一章 自我激励
——成功从对自己说"是"开始

充满自信，相信自己一定会成功

自信是发自内心的自我肯定和相信，是一种积极的心态，是获取销售成功的最重要的精神力量。在销售业内流行着这样一句话："四流的销售员卖价格，三流的销售员卖产品，二流的销售员卖服务，一流的销售员卖自己。"世界华人激励大师陈安之也曾说过，卖产品不如卖自己，这也道出了一个合格的销售员应该达到的目标和具有的素质。

销售员的第一件产品是什么？就是销售员自己。把自己成功地销售出去，销售就成功了一半。很难想象，一个对自己都没有信心的人，又怎么可以把自己、把公司的产品成功地销售给客户。

世界著名的销售大师原一平去保险公司面试时，主考官蔑视他。

原一平说："我身高只有145厘米，又瘦又小，体重也只有104斤，但我并不自卑。"

主考官说："销售保险的工作太困难了，你不能胜任。"

原一平像一只勇猛的斗鸡，问道："请问进入贵公司，究竟要做多少业绩？"

主考官傲慢地说："每人每月一万元。"

原一平充满力量地说："既然这样，我每月也可以销售这么多。"

最伟大的推销员乔·吉拉德曾经说过:"信心是销售员胜利的法宝。"自信心在销售过程中起着至关重要的作用,是销售员坦然地面对客户并赢得客户的最有效的资本。

在销售过程中,自信是促使客户购买商品的关键因素。当你和客户会谈时,言谈举止若能露出充分的自信,则会赢得客户的信任。只有客户信任你了,他们才会相信你的产品,从而心甘情愿地与你建立合作关系。通过自信,才能产生信任,而信任,则是客户购买我们的产品的关键因素。

自信是积极向上的产物,也是一种积极向上的力量。自信是销售员所必须具备的,也是最不可缺少的一种气质。你只有对自己充满自信,在客户面前才会表现得落落大方、胸有成竹,你的自信才会感染、征服客户,客户对你销售的产品才会充满信任。

某小印刷公司推行扩大销售计划,每半年雇用一名销售员。新雇用的销售员必须先学习商品知识和销售技巧,然后跟着销售主管现场实习,最后才能得到该公司经理接见的机会。当经理对他讲一些带有鼓励性的话时,他就等于领到了"销售的毕业证书"。

有一年,该公司雇用了一个不成熟而且缺乏信心的年轻推销员。这位推销员在经过前两个阶段的学习后,对自己能否胜任工作一点儿也没有把握,他正担心经理不发给他"毕业证书"呢,可是,那位经理在对他讲了"你能干好的"之类的鼓励性的话后,说道:

"喂，你听着，我要把我想做的事告诉你，我打算让你到街对面的'绝对可靠的预计客户'的住处去推销，以往我也总是把新来的推销员派到那里去推销。理由很简单，因为那个老头是个买主，什么时候都买我们的东西。但是，我要预先警告你，他是一个厚脸皮、令人讨厌、爱吵嘴而且满口粗话的人。你如果去见他，他只是叫嚷一阵而已，实际上他是不会吃你的。所以，无论他说什么，你都不要介意。我希望你默不作声地听着，然后说'是的，先生，我明白了。我带来了本市最好的印刷业务的商谈说明，我想这个说明对你来说，也一定是想要得到的东西'。总而言之，他说什么都没关系，要坚持你的立场，然后反过来讲你要说的话。可不要忘记啊，他随时都会向我们的推销员订货的。"

这位被打足了气的年轻推销员随即冲过大街叫开门进入屋里，报了自己公司的名字。在头五分钟里，他没有机会讲上一句话。因为那老头不停地给他讲一些无关紧要的事情，一会儿教他某种菜的吃法，一会儿又教他一些莫名其妙的英语词汇。好在这位推销员事先得到过警告，他耐心地等待暴风雨过去。最后他说："是的，先生，我明白了。那么，这是本市最好的印刷业务的商谈说明，这样的商谈说明，当然是您想要得到的东西。"这样一进一退的进攻和防御大约持续了半个小时。半小时后，那个年轻的推销员终于得到了该印刷公司从未有过的最多的订货。

当他喜滋滋地把订单交给经理时，他说："您说的关于那位老人的话没错。他是一个厚脸皮、令人讨厌、爱吵嘴、满口粗话的人。可是对于那位可爱的老人我要说稍微不同的话：他真是个买主！这是我在公司任职以来获得的最大的一批订货。"

经理看了一下订单，满脸惊讶地说："喂，你搞错人了吧？那个老头，在我们遇到的对手中，是最吝啬、最讨厌、最好吵架，而且是最爱说粗话的老色鬼！我们这15年来总想让他买点儿什么东西，可是那个老头连一元钱的东西也没有买，总之，他从来没从我们这儿买一件东西。"

在这个事例中，为什么这名推销员能够拿到订单，因为之前经理给他"打足了气"，增强了他的销售自信，让他相信那个客户一定会购买产品的，最后客户真的跟他买了产品。

销售是信心的传递，是情绪的转移。如果你对自己非常有信心、对产品也非常有信心，并且拥有足够的产品知识，你就能畅所欲言介绍你的产品，那么你想不成功都很难。无数销售实践表明，如果你认为你能，天下就没有卖不出去的产品；如果你认为你不能，你就根本不可能把产品卖出去。

无论什么时候，销售人员都要充满自信，特别是面对拒绝与失败的时候，销售员需要时刻微笑着告诉自己：没关系，下次再来，拒绝是销售的开始。要轻松面对，然后客观地总结分析销售过程的成败得失，为重新赢得客户的订单创造机会，树立信心。

自信是一种力量，更是一种赢得别人尊重的人格魅力。有这样一个道理：不是因为有些事情难以做到，我们才失去自信，而是因为我们失去自信，有些事情才显得难以做到。所以销售员一定要有信心，对自己的公司充满信心，对销售的产品充满信心，对自己的能力充满信心，对美好的未来充满信心。这种信心，能使销售人员发挥出才能，战胜各种困难，获得成功。

以下是帮助销售人员建立自信的几种方法：

1. 提升自己的外在形象。

俗话说"人靠衣着马靠鞍"，一身光彩的衣着，是建立自信的基础。一套笔挺的西装会使得一个男子汉庄重起来，一袭长裙会使得一个女性的举手投足都显得亮丽、迷人。因此，漂亮的仪表能够得到别人的夸奖和好评，提高人的精神风貌和自信心。所以，平时要学会多注意自己的仪表，保持发型美观，衣着整洁、大方。当你的仪表得到别人的夸赞时，你的自信心一定会油然而生。

2. 学会自我激励。

学会自我激励，要给自己一个习惯性的思想意念。别人能行，相信自己也能行；其他人能做到的事，相信自己也能做到。平时要经常激励自己："我行，我能行，我一定能行。""我是最好的，我是最棒的。"特别是遇到困难时要反复激励告诫自己。这样，就会通过自我积极的暗示机制，鼓舞自己的斗志，增加心理力量，使自己逐渐树立起自信心。

3. 当众发言。

拿破仑·希尔曾说："有很多思路敏锐、天资高的人，却无法发挥他们的长处参与讨论。并不是他们不想参与，而只是因为他们缺少信心。"要想增强自己的信心及锻炼口才，就要在众人面前慷慨陈词，即使说错了，你也会增加自信。只要努力在众人面前大声说出自己的想法，你就可能成为一个更好的公共场所发言者，对自己的想法也会更自信。

4. 睁大眼睛，正视别人。

不敢正视别人，意味着自卑、胆怯、恐惧；躲避别人的眼神则反映出阴暗，不坦荡的心态。正视别人等于告诉对方："我是诚实的，光明正大的。我非常尊重你。"因此，正视别人，是积极心态的反映，是自信的象征，更是个人魅力的展示。

5. 不要轻易放弃。

信心是在不断的努力、不断的进步中逐步建立的，中途放弃、半道而废，是造成我们缺乏自信的重要原因。所以，凡是我们认为应该做而且已经着手做了的事情，就不要轻言放弃。

总之，自信是成功销售的基石，可以使你从平凡走向辉煌。当你满怀信心地对自己说："我一定会成功的！"相信人生的收获季节已经离你不远。

不要给自己找任何借口

"没有任何借口"是美国西点军校一直奉行的行为准则。这一准则要求每一位学员想尽办法去完成一项任务，而不是为没有完成任务寻找借口——哪怕是看似合理的借口。这一行为准则同样适用于销售工作。对于销售员来说，无论遇到多大的困难，我们都不要去寻找借口，而是应该尽自己所能去完成销售任务。

世上没有什么是不用费劲就可以自然做成的，假如你想找一百个借口，那么就能找到一百个甚至比一百个还要多的借口，这样，你表面上得到了安慰，但你将一事无成！

　　某名牌大学毕业的张然，学的是新闻专业，形象也很不错，被北京一家很知名的报社录用了。但是，他有一个很不好的毛病，就是做事情不认真，遇到任何困难总是找借口。刚开始上班时，同事们对他的印象还很不错，但是没过多久，他的毛病就暴露出来了，上班经常迟到，和同事一同出去采访时也经常丢三落四。对此，办公室领导找他谈了好几次，但张然总是以这样或那样的借口来搪塞。

　　有一天，报社特别忙，突然有位热心读者打电话过来说在一个地方有特大新闻发生，请报社派记者前去采访。但是报社别的记者都出去了，只有张然在，没办法，办公室领导只有派他独自前往采访。没多久，他就回来了，领导问他采访的情况怎么样，他却说："路上太堵了，等我赶到时事情都快结束了，并且已经有别的新闻单位在采访了，我看也没什么重要新闻价值，所以就回来了。"

　　领导生气地说："北京的交通是很堵，但是你不知道想别的办法吗？为什么别的记者能及时赶到呢？"

　　张然急得红着脸争辩道："路上交通真的是很堵嘛，再说我对那里又不是特别熟悉，身上还背着这么多的采访器材……"

　　领导心里更有气了，大声说道："既然这样，那你另谋高就好了，我不想看到公司员工不但不能给公司提供成果，反过来还有满嘴的借口和理由。我们需要的是接到任务后，不管任务有多么艰巨，都能够想方设法完成，并且能提供成果的人。"就这样，张然失去了令许多人羡慕不已的好工作。

在生活中，像张然这样遇到问题不是想办法解决，而是四处找借口来推脱的人并不少见，但是他们这样做所带来的后果就是不仅损害了公司的利益，也阻碍了自己的发展。

借口就是一张敷衍别人、原谅自己的"挡箭牌"，就是一个掩饰弱点、推卸责任的"万能器"。有多少人把宝贵的时间和精力放在了如何寻找一个合适的借口上，而忘记了自己的职责和责任啊！

任何借口都是推卸责任，在责任和借口之间，选择责任还是选择借口，体现了一个人的工作态度。现实生活中，有些销售员总爱为自己的失败或过错找出各种各样的借口，以便让自己保存一些脸面或寻求心理上的安慰。这种错误的心理和方式，只能让他们越来越对不起自己的工作。相反，拒绝借口的销售人员就会将销售工作做得十分出色，赢得人们的赞誉。

美国成功学家格兰特纳说过这样一段话："如果你有自己系鞋带的能力，你就有上天摘星的机会！让我们改变对借口的态度，把寻找借口的时间和精力用到努力工作中来。因为工作中没有借口，人生中没有借口，失败没有借口，成功也不属于那些寻找借口的人！"

休斯·查姆斯在担任销售经理期间曾面临着一种最为尴尬的情况：该公司的财政发生了困难。这件事被负责推销的销售人员知道了，并因此失去了工作的热忱，销售量开始下跌。到后来，情况更为严重，销售部门不得不召集全体销售员开一次大会，全美各地的销售员皆被召去参加这次会议。

查姆斯先生主持了这次会议。

首先，查姆斯请销售部业绩最佳的几位销售员站起来，要他们说明销售量为何会下跌。这些被点到名字的销售员一一站起来以后，大家有一个共同的理由：商业不景气、资金缺少、人们都希望等到总统大选揭晓后再买东西等等。

每个销售员似乎都有"合理"的借口，当第五个销售员开始为他无法完成销售配额找借口时，查姆斯先生突然跳到一张桌子上，高举双手，要求大家肃静。然后，他说道："停止，我命令大会暂停10分钟，让我把我的皮鞋擦亮。"然后，他命令坐在附近的一名黑人小工友把他的擦鞋工具箱拿来，并要求这名工友把他的皮鞋擦亮，而他就站在桌子上不动。在场的销售员都惊呆了。他们有些人以为查姆斯先生发疯了，大家开始窃窃私语。就在这时，那位黑人小工友先擦亮他的第一只鞋子，然后又擦另一只鞋子，他不慌不忙地擦着，表现出一流的擦鞋技巧。

皮鞋擦亮之后，查姆斯先生给了小工友一毛钱，然后发表他的演说。他说："我希望你们每个人，好好看看这个小工友。他拥有在我们整个工厂及办公室内擦鞋的特权。他的前任是位白人小男孩，年纪比他小得多。尽管公司每周补贴他五元的薪水，而且工厂里有数千名员工，但他仍然无法从这个公司赚取足以维持他生活的费用。"

"可是，现在这位黑人小男孩不仅可以赚到相当不错的收入，既不需要公司补贴薪水，每周还可以存下一点钱来，而他和他的前任的工作环境完全相同，也在同一家工厂内，工作的对象也完全相同。"

　　"现在，我问你们一个问题，那个白人小男孩没有得到更多的生意，是谁的错？是他的错，还是顾客的错？"

　　那些销售员不约而同地大声说："当然了，是那个小男孩的错。"

　　"正是如此。"查姆斯回答说，"现在我要告诉你们，你们现在推销收银机和一年前的情况完全相同：同样的地区、同样的对象以及同样的商业条件。但是，你们的销售成绩却比不上一年前。这是谁的错？是你们的错，还是顾客的错？"

　　同样又传来如雷般的回答："当然，是我们的错。"

　　"我很高兴，你们能坦率承认自己的错。"查姆斯继续说，"我现在要告诉你们。你们的错误在于，你们听到了有关本公司财务发生困难的谣言，这影响了你们的工作热忱，因此，你们不像以前那般努力了。只要你们回到自己的销售地区，并保证在以后30天内，每人卖出5台收银机，那么，本公司就不会再发生什么财务危机了。你们愿意这样做吗？"

　　销售员都说"愿意"，后来果然办到了。那些他们曾强调的种种借口：商业不景气、资金缺少、人们都希望等到总统大选揭晓以后再买东西等等，仿佛根本不存在似的，统统消失了。

　　对销售员来说，千万不要找任何理由为自己的过错开脱。一旦给自己的错误找了借口，就是给自己的失败找到了理由，就是使自己失败得到"合理化"。更不要让借口成为习惯，否则，这种找借口的坏习惯，终将让你一事无成。

努力克服恐惧心理

恐惧，是每个人都有的一种情感。而且这种感情是与生俱来的，每个人都会有，并且会伴随我们一生，没有例外。每个人在社会生活的方方面面都会有恐惧感的产生，特别是当遇到陌生或不利的环境时，恐惧感会更加强烈。

对销售人员来说，他们的恐惧大多来源于"不敢与客户打交道"，特别是刚刚从事销售行业的新人在这一点上尤为明显，由于"不敢与客户打交道"而遭到淘汰的销售员高达40%以上，这些人多半是在入职后不长的时间就暴露出这样的问题。

美国一家调查机构曾经对销售员的拜访做过长期的调查研究，结果发现：48%的销售员，在第一次拜访遭遇挫折之后，就退缩了；25%的销售员，在第二次遭受挫折之后，也退却了；12%的销售员，在第三次拜访遭到挫折之后，也放弃了；5%的销售员，在第四次拜访碰到挫折之后，也打退堂鼓了；只剩下10%的销售员锲而不舍，毫不气馁，继续拜访下去。结果80%销售成功的个案，都是由这10%的销售员连续拜访5次以上所达成的。

由此可见，销售员业绩不佳，多半有一种共同的毛病，就是惧怕客户的拒绝。

在销售中，如果销售员出现恐惧心理对销售工作是非常不利的。虽然每一个销售员都会在某时或某地出现不愿拜访的职业恐惧症，但如果处理不得当，会直接导致拜访失败，甚至导致订单失败。一些销售员之所以在走访中有恐惧感，主要是缺乏勇气。找到症结后，应该及时地进行根治，鼓起勇气，大胆地接触客户。

杰夫·荷伊芳刚刚开始做销售工作的时候，有一次，他听说百事可乐的总裁卡尔·威勒欧普将到科罗拉多大学演讲。于是，杰夫就找到为卡尔先生安排行程的人士，希望对方能安排个时间让他与百事可乐的总裁会面。可是那个人告诉杰夫，总裁的行程安排得很紧凑，最多只能用演讲后的15分钟与杰夫碰面。

于是，在卡尔先生演讲的那天早晨，杰夫就到科罗拉多大学的礼堂外面苦等，守候这位百事可乐的总裁。

卡尔先生演讲的声音不断地从里面传来，不知过了多久，杰夫猛然惊觉，预定的时间已经到了，但是卡尔先生的演讲还没有结束，已经多讲了五分钟。也就是说，自己和卡尔会面的时间只剩下十分钟了。他必须当机立断，做个决定。

于是，他拿出自己的名片，在背面写下几句话，提醒卡尔先生后面还有个约会："您下午两点半和杰夫·荷伊芳有约。"然后，他做了一个深呼吸，推开礼堂的大门，直接从中间的走道向卡尔走去。

卡尔本来还在演讲，见他走近，便停了下来。这时，杰夫把名片递给他，随即转身循原路走回来，还没走到门边，就听到卡尔告诉台下的听众，说他约会迟到了，谢谢大家今天来听他演讲，祝大家好运。说完，他就走到外面与杰夫碰面。

此时，杰夫坐在那里，全身神经紧绷，呼吸几乎快要停止了。卡尔看看名片，接着对他说："让我猜猜看，你就是杰夫，对吧！"于是，他们就在学校里找了一个地方，自在地畅谈了一番。

结果他们整整谈了30分钟之久。卡尔不但花费宝贵的时间告诉他许多精彩动人的故事，而且还邀杰夫到纽约去拜访他和他的工作伙伴。不过，他赐给杰夫最珍贵的东西，则是鼓励他继续发挥先前那种大无畏的勇气。卡尔说："不论在商场或任何领域，最重要的就是'勇气'。当你希望达成某件事时，就应具备采取行动的勇气，否则最后终将一事无成。"

在销售过程中，销售员第一个推销的应该是他的勇气，这是克服恐惧的方法，也是每一个从事销售工作的人都要牢记的法宝。

每个销售员都有提升销售业绩的想法，为什么大多数人的想法被搁浅了，其主要原因就是缺乏勇气，想为不敢为，结果一事无成。

销售是勇敢者的职业。对销售员来说，勇气是非常重要的，勇气是行动的动力。当面对客户的拒绝时，销售员应该克服恐惧心理，让勇敢在心里生根发芽。

有一位推销员因为常被客户拒之门外，慢慢患上了"敲门恐惧症"。他去请教一位大师，大师弄清他的恐惧原因后便说："你现在假如站在即将拜访的客户门外，然后我向你提几个问题。"

推销员说："请大师问吧！"

大师问："请问，你现在位于何处？"

推销员说："我正站在客户家门外。"

大师问："那么，你想到哪里去呢？"

推销员答："我想进入客户的家中。"

大师问："当你进入客户的家之后，你想想，最坏的情况会是怎样的？"

推销员答："大概是被客户赶出来。"

大师问："被赶出来后，你又会站在哪里呢？"

推销员答："就——还是站在客户家的门外啊！"

大师说："很好，那不就是你此刻所站的位置吗？最坏的结果，不过是回到原处，又有什么好恐惧的呢？"

推销员听了大师的话，惊喜地发现，原来敲门根本不像他所想象的那么可怕。从这以后，当他来到客户门口时，再也不害怕了。他对自己说："让我再试试，说不定还能获得成功，即使不成功，也不要紧，我还能从中获得一次宝贵的经验。最坏最坏的结果就是回到原处，对我没有任何损失。"这位推销员终于战胜了"敲门恐惧症"。由于克服了

恐惧，他当年的销售成绩十分突出，被评为全行业的"优秀
推销员"。

在销售过程中，销售员只有克服恐惧，适时调整心态，才
能打开销售之门。越是恐惧的事情就越去做它，你才可能超越恐
惧，否则，恐惧就会成为你心理上的大山，永远横在你的面前。

在销售拜访的过程中，大部分销售员会或多或少地存在怕见
客户的畏惧心理，那么要如何克服这种心理障碍并且积极面对客
户呢？

最好方法就是行动，行动是销售成功的最佳途径。行动不会
失去什么，相反它会给你增加胆量。在销售过程中，只有大胆尝
试和行动才能有所收获。心理学研究表明：思想没有办法化解一
种不好的情绪，但行动却可以。所以，你要想克服销售恐惧症，
必须强迫自己不断地采取行动。只要你能行动起来，就一定能够
克服销售恐惧症，成为一名优秀的销售员。

积极追求财富

先让我们看看这样一个事例：

某外国电视台有一档名为《谁是未来的百万富翁》的智

力游戏节目，获胜者将会得到100万元的奖励。因为奖金丰厚，悬念迭出，吸引了许多观众。这档节目的游戏规则是：每答对一道题目，就可以获得相应的奖励，而如果继续答题时没有回答出来，那么就会终止比赛，并且没收已经取得的奖励。

自节目开播几十期以来，虽然参赛者强手如林，可真正一路过关斩将并赢得100万元巨奖的人，从来没有出现过。相反，能够在节目中有所收获的只是一些见好就收的人。因此，几乎所有的参与者都学乖了，最多到10万左右，便放弃答题，退出比赛。直到一位叫克拉马的青年人的参与，才第一次产生了百万巨奖。

令人奇怪的是，克拉马取得的百万巨款并不是因为他知识渊博，据当地媒体评论说，成就克拉马的不是他的学问，而是他的心理素质和野心。因为在50万之后，每一道题都相当简单，只需略加思考，便能轻松答出。

那么多人与巨奖失之交臂，都是因为他们"见好就收"，没有成为百万富翁的野心。

动力越大，其行动就越有力，行动越有力，实现财富梦想的几率就越大。这些都是成正比的。要获得财富，你就必须要让自己的进取心变得非常强烈，只有拥有强烈的进取心才能使你奋进。

我们人生这一辈子要去追求事业、财富、家庭、健康、关系等，那么我们对这些所追求的东西都有自己的进取心，例如你的事业要达到什么高度、你的财富能够达到多少、你的家庭有多么幸福等等。一个人的进取心有多大，他的梦想就会有多大；他的梦想有多大，他的渴望就会有多强；他的渴望有多强，他的动力就多足。

一个真正有梦想的人一定是有强烈进取心的人，如果说你对事业成功没有进取心，那么你的事业不会做得很大，你的财富也不会很多，因为你对事业、财富的进取心很小。你想一年赚三五十万就够了，那你就只能赚到三五十万；如果你想自己的事业发展十年后必须要达到上亿资产，那你依然也能做到，而这一切都来自于你对自己有没有那一份强烈的进取心。

人活着就应该有追求，为了自己的梦想努力拼搏，实现自身的价值，让自己的人生充满各种亮丽的色彩。但是有很多人却没有远大的抱负，在生活和工作中安于现状，不思进取，很容易满足，甚至稍微取得一点成绩就骄傲自大，以为可以从此高枕无忧，结果却逐渐退步，连本来自以为满足的现状也保持不住了。

井植岁男是日本三洋电机公司的创办人，他在1947年创立三洋电机公司时，公司只有20个人，从一间小厂房起步，到1993年，该公司已发展成为一个跨国经营的大企业。

井植岁男性格豪放，决断大胆，处事单纯明快，不拘小节。当年，井植岁男从姐夫的公司走出来自己创立三洋，是其进取心的体现，经过几十年的艰苦经营，把三洋发展成为世界级的大企业，也是其进取心结出的硕果。

而许多人却因为没有进取心失去致富的机会。

1955年，井植岁男曾试图鼓励其雇用的园艺师傅自己创业，但这位园艺师傅却因为缺乏进取心而失去了一个致富的机会。

有一天，他家的园艺师傅对井植说："社长先生，我看您的事业越做越大，而我却像树上的蝉，一生都坐在树干上，太没出息了。您能否教我一点创业的秘诀？"

井植点点头说："行！我看你比较适合园艺工作。这样吧，在我工厂旁有两万坪空地，我们合作来种树苗吧！多少钱能买到一棵树苗呢？"园艺师傅回答说："五十元。"

井植又说："好！以一坪种两棵计算，扣除走道，一万坪大约种两万棵，树苗的成本是不是一百万元。三年后，一棵可卖多少钱呢？"

"大约三千元。"

"一百万元的树苗成本与肥料费由我支付，以后三年，你负责除草和施肥工作。三年后，我们就可以收入六百多万元的利润。到时候我们每人一半。"

听到这里，园艺师傅却拒绝说："哇，我可没有那么大的野心敢做那么大的生意！"

最后，他还是在井植家中栽种树苗，按月拿取工资，白白失去了致富良机。

一个真正有进取心的人才是离成功最近的人。一切成就、一切财富都始于一个意念，即积极进取的意念。只有在这种强烈意念的驱动之下，人们才能够产生向前奋进的强劲动力。如果一个人连一点进取心都没有，那么这个人做任何事情都不会产生一丝一毫的积极性，更不会形成前进的动力。对销售员来说也是如此。销售工作充满艰辛，如果没有源源不断且足够强劲的动力促使销售员不断开展积极的行动，那么销售员的工作将寸步难行。

成功的销售员都有必胜的决心，都有强烈的成功欲望。成功的欲望源自于你对财富的渴望、对家庭的责任、对自我价值实现的追求，不满足是向上的车轮！在谈到对于成功的强烈欲望之时，有些销售员扬言："我才不要活得那么累，我觉得自己现在这样也挺好的，比上不足、比下有余，为什么非要成为公司的销售冠军，为什么强迫自己做出更多的业绩呢？"对于这些销售员的想法，我们不敢苟同，从表面上来看，也许这些话有一定的道理，可是，只要稍加分析就会发现，这种想法既片面又消极。好好想一下，现代社会同行业之间的竞争如此激烈，人与人之间的竞争同样如此，包括同事之间同样存在着异常激烈的竞争，如果你不思进取、不求进步，那么在这种严峻的竞争形势下，你又将拿什么去"比上不足、比下有余"？如果你不强迫自己做出更多的业绩，那么将来总有一天，会有人迫使你失去饭碗！退一步来说，如果公司的同事都像你一样对成功没有强烈欲望，都不向往成为公司的销售冠军，那么这样的公司又如何在对手林立的同行业中存有立足之地？

如果你对于事业的成功没有强烈的欲望，如果你对于改变现状没有足够的野心，那么你就不会采取积极的行动，也不会有成功的希望。所以，作为一名销售员，你一定要考虑清楚：除非你不是真的想获得事业的成功，除非你完完全全地把自身的名声、地位、权力、利益都置于身外，否则你绝对不能失去对成功的渴望，更不能丧失进取心！

那些优秀的销售员之所以取得很好的业绩，就是因为他们对获得成功有永不满足的欲望。这种强烈的情感，会让他们在面对困难的时候，拥有一颗永不言败的决心。即使是一次次遭到拒绝，他们也绝不会退缩。正是这种积极主动的心态，帮助他们最终成就了一番事业。

改变的力量源自于自己的进取心，人生的高度在于我们作出决定的那一刻。只要具备强烈的进取心，就一定会成功，同时潜能也才能被激发。

把"不可能"从你的字典中删掉

在生活中，我们时常会遇到这样或那样的困难，看起来好像没有什么解决的办法，但只要你换一种方式去做，并排除固定观念的束缚，很多"不可能"都会变成"可能"。

拿破仑·希尔年轻的时候，抱着一个当作家的雄心。要达到这个目标，他知道自己必须精于遣词造句，字词将是他的工具。但由天他小时候家里很穷，所接受的教育不完整，因此，"善意"的朋友就告诉他，说他的雄心是不可能实现的。

年轻的希尔存钱买了一本最好的、最完全的、最漂亮的字典，他所需要的字都在这本字典里面，而他的目标是完全了解和掌握这些字。但是他做了一件奇特的事，他找到 "不可能" 这个词，用小剪刀把它剪下来，然后丢掉，于是他有了一本没有 "不可能" 的字典。以后，他把他整个的事业建立在没有 "不可能" 这个前提上，他刻苦钻研，不停地写作，最终成为美国政商两界的著名导师，被罗斯福总统誉为 "百万富翁的铸造者"。他的著作《人人都能成功》成为世界畅销书。

这个事例告诉我们一个道理：只要你从你的字典里把 "不可能" 这个词删除，从你的心中把这个观念铲除，从你谈话中将它剔除，从你的想法中将它排除，从你的态度中将它扫除，不要为它提供理由，不再为它寻找借口，把这个字和这个观念永远的抛弃，而用光辉灿烂的 "可能" 来替代，你就能够将不可能变为可能。

或许你会说这套理论太玄妙、太理想化，但正因为如此，"大部分人" 都是普普通通地过 "正常" 的生活，只能平平凡凡过一生，他们并不是成功者。

林语堂先生讲过一句话："为什么世界上95%的人都不成功，而只有5%的人成功？因为在95%人的脑海里，只有三个字 '不可能'。" 改造命运、不为群体意识所绊、不被 "不可能" 这类词汇难倒，常常是极少数人的思想和行为。一件件曾被认为不可能的事在他们手中变为可能，他们天生就是成功者。

你愿意过大部分人那 "正常" 的生活呢，还是想拥有极少数人那"不正常"的成功呢？如果你选择了后者，就要学会运用自己的意念，坚信你能，那么你就真的一定能，并一定能将"不可能"变成"可能"。

对销售员来说，一定要有这样一个观念：销售活动是一种经济活动，在销售活动中没有不可能解决的难题。销售员若能明确这一点，就有助于强化自己销售的信心与斗志！

销售本身就是一项自我挑战。因为销售员所要做的，就是将原来不可能的事变成可能。勇于挑战不可能的事情，是获得成功的基础。

布鲁金斯学会创建于1927年，以培养世界最杰出的推销员而著称于世。它有一个传统，在每期学员毕业时，都设计一道最能体现推销员能力的实习题，让学生去完成。

1975年，布鲁金斯学会设计的题目是让学生将一个微型的录音机推销给当时的总统尼克松，这个学会的一名学员成功了。克林顿当总统的八年间，学会曾设计过一个题目，是让学员将一条三角裤头推销给克林顿总统，但是八年过去了，无一人推销成功。小布什当总统之后，学会又给学生的命题为：请你把一把斧子推销给布什总统。

实际上，当时的美国总统布什什么也不缺，他要一把斧子干什么？即使他需要斧子，也不需要他亲自去购买；退一步说，他就是亲自去买了，也不一定会碰上你这个卖斧子的推销员。因而，要完成这个题目应该说是大海捞针——够难的了。

可是，有一个叫做乔治·赫伯特的学员，并不认为这个题目有多么难。他首先对完成这个题目充满自信，相信自己一定能够成功。而后围绕着斧子和布什总统的关系进行了一番详细的调查研究，得知布什总统在克萨斯州有一座农场，农场里面长着许多树木，这些树木确实需要修剪。紧接着，他就给布什总统写信，阐明总统需要买一把斧子的理由。布什总统接信后，也认为是这样，确实有必要买一把斧子。一来对树木进行修剪；二来锻炼身体，经常到林子里呼吸一下新鲜空气；三可以调节一下总统繁忙的生活。于是立即给这位学生寄去了15美元，买回了一把斧子。

乔治·赫伯特成功后，布鲁金斯学会奖给了他一双上面刻有"最伟大的推销员"的金靴子，并在表彰他的时候说，金靴奖已设置了26年。26年间，布鲁金斯学会培养了数以万计的推销员，造就了数以万计的百万富翁。这只金靴之所以没有授予他们，是因为我们一直想寻找这样一个人——这个人从不因有人说某一目标不能实现而放弃，从不因某件事情难以办到而失去自信。

在销售界流行着这样一句话："没有卖不出去的产品，只有卖不出产品的人。"销售员要想在推销过程中获得成功，就必须相信自己一定能把产品卖出去，拥有至高无上的自信心。这是销售员一切工作和行动的指南，也是销售员获得成功的基本保证。

在积极者的眼中，永远没有"不可能"，取而代之的是"不，可能"。积极者用他们的意志、他们的行动，证明了

"不，可能"的"可能性"。

很多时候，不是不可能，只是暂时没有找到方法。正如哈瑞·法斯狄克所说："这世界现在进步得太快了，如果有人说某件事不可能做到，他的话通常很快就会被推翻，因为很可能另一个人已经做到了。在信心和勇气之下，只要我们认为可以做到，就可以以科学的方法推翻'不可能'的神话，我们就可能做成任何我们想做的事情。"

生活中确实有许多的"不可能"在我们心头，它无时无刻不在侵蚀着我们的意志和理想，其实，这些"不可能"大多是人们的一种想象，只要能拿出勇气主动出击，那些"不可能"就会变成"可能"。人的潜能是巨大的，一个人只有具备积极的自我意识，才会知道自己是个什么样的人，并知道能够成为什么样的人，从而他才能积极地开发和利用自己身上的巨大潜能，将不可能的事变成可能，干出非凡的事业来。

保持积极乐观的精神

在日常工作中，很多销售员总是显得对销售技巧的提高特别有兴致，他们存在着一种错误的观念，认为销售是一件凭技巧取胜的工作，只要能够侃侃而谈、头头是道，就能够让顾客臣服签单。而实际上，技巧只是一个方面。随着产品的同质化和销售技巧的泛化，销售员的心态对销售工作的影响日益明显。实践证明，销售业绩的80%是由心态决定的。一个拥有积极心态的人，即使技巧平平，也一样可以取得骄人的成绩。所以说，要成为一个优秀的销售员，最重要的是建立正确的心态。

成功源于心态。不同的心态，决定了不同的人生和结局。几乎所有优秀的销售员都有一个共同的特点，就是具有积极乐观的心态。他们运用积极的心态去支配自己的人生，用乐观的精神去面对销售过程中一切可能出现的困难和险阻，从而确保自己不断地走向成功。而现实生活中却有许多销售员精神空虚，以自卑的心理、失落的灵魂、失望悲观的心态和消极颓废的人生作前导，其后果只能从一个失败走向另一个失败，甚至永驻过去的失败之中，不再奋发。

美国联合保险公司董事长克里蒙·斯通，是美国巨富之一、世界保险业巨子。

在16岁那一年，斯通利用假期时间，开始从事推销保险的工作。第一次推销的时候，他来到一栋写字楼前犹豫不决，于是，他默默念着自己信奉的座右铭："如果你做了，没有损失，还可能有大收获，那就下手去做，马上去做！"

然后，他勇敢地走入大楼，逐门进行推销。结果，只有两个人买了保险。但在了解自己和推销术方面，他收获不小。第二天，他卖出了4份保险；第三天，6份。假期快结束时，他居然创造了一天10份的好成绩。

那时，斯通发觉，他的成功，是因为自己有积极的心态并能积极行动起来的缘故。

20岁时，斯通在芝加哥开了一家保险经纪社——"联合登记保险公司"，全公司只有他一个人。开业头一天，斯通销出54份保险。渐渐地，事业一天比一天旺。有一天，他居然创造了122份的记录。

后来，斯通在各州招人，在各处扩展他的事业。各州有一名主管，领导推销员，他自己管理各地主管，那时，斯通还不到30岁。

但那时候，整个美国笼罩在经济大恐慌之中，大家都没有钱买健康和意外保险，真有钱的又宁愿把钱存下来以防万一。这时，斯通给自己加了几条应付苦难的座右铭：推销是否成功，决定于推销员，而不是顾客。如果你以坚定的、乐观的心态面对困难，反而能从中找到益处。结果，他每天成交的份数，竟与以前鼎盛时期的相同。

1938年，斯通成为一名百万富翁，他所领导的保险公司，也成为了美国保险业首屈一指的大企业。

这个故事告诉我们，积极的心态能够使销售员激发出自信、勤奋、努力、敬业和认真等这些成功所必需的因素，并打造出超凡的销售业绩。

无论我们做什么事情，心态都是很重要的。对每一个销售员来说，谁都希望自己的业绩获得数倍的增长，但是要做到这一点，良好的心态是不可或缺的，因为什么样的心态决定了什么样的成就，什么样的心态决定了什么样的人生。

一个生活比较潦倒的推销员，每天都埋怨自己"怀才不遇"，命运在捉弄他。

圣诞节前夕，家家户户张灯结彩，充满节日的热闹气氛。他坐在公园里的一张椅子上，开始回顾往事。去年的今天，他也是孤单一个人，以醉酒度过了他的圣诞节，没有新衣服，也没有新鞋子，更别谈新车子、新房子。

"唉！今年我又要穿着这双旧鞋子度过圣诞节了！"说着准备脱掉这双旧鞋子。这个时候，他突然看见了一个年轻人自己滑着轮椅从他身边走过。他顿悟到："我有鞋子穿是多么幸福！他连穿鞋子的机会都没有啊！"

之后，这个推销员每做任何一件事都以乐观的心态，积极地对待，发愤图强，力争上游。数年之后，生活在他面前终于彻底改变了，他成了一名百万富翁。

由此可见，积极乐观的心态与成功的关系是相辅相成的。一个总是怀着消极心态的销售员很难得到成功的垂青。

在销售过程中，失败平庸的销售员居多，主要是他们的心态有问题。遇到困难，他们总是挑选容易的倒退之路："我不行了，我还是退缩吧。"结果陷入失败的深渊。而优秀的销售员遇到困难，仍然够保持积极乐观的心态，用"我要！我能！""一定有办法"等积极的意念鼓励自己，于是便能想尽办法，不断前进，直到成功。

美国联合保险公司有一位名叫艾伦的推销员，他很想当公司的明星推销员。因此他不断从励志书籍和杂志中培养积极的心态。有一次，他陷入了困境，这是对他平时进行积极心态训练的一次考验。

那是一个寒冷的冬天，艾伦在威斯康星州一个城市里的某个街区推销保险，但没有一次成功。他自己觉得很不满意，但当时他这种不满是积极心态下的不满。他想起过去读过一些保持积极心境的法则。第二天，他在出发之前对同事讲述了自己昨天的失败，并且对他们说："你们等着瞧吧，今天我会再次拜访那些顾客，我会售出比你们售出总和还多的保险单。"

基于这种心态，艾伦回到那个街区，又访问了前一天同他谈过话的每个人，结果售出了66张新的事故保险单。这确实是了不起的成绩，而这个成绩是他当时所处的困境带来的，因为在这之前，他曾在风雪交加的天气挨家挨户走了八个多小时而一无所获。但艾伦能够把这种对大多数人来说都会感到的沮丧，变成第二天激励自己的动力，结果如愿以偿。

销售心态是决定销售是否成功的关键，积极心态更容易让我们发挥自身潜力，取得更大的机会。但积极乐观的心态不是每个人与生俱来的。当你发现自己缺乏乐观心态时，不要失望沮丧，你完全可以通过心理训练，有目的地培养自己积极的销售心态。其中，最有效的办法之一就是经常有意识地和积极乐观的销售人员待在一起，从这些人身上获得乐观情绪的感染，调动自己的积极心态，从而把消极的情绪从大脑中排挤出去。正所谓："近朱者赤，近墨者黑。"

　　无论如何，你要以乐观向上的精神支持你的销售事业，千万不能因暂时的困难或挫折而灰心丧气。逆境过后是顺境，冬天过后是春天。让积极乐观的精神伴你一生，你的销售事业必定会获得成功。

第二章 越挫越勇
——拒绝是成功销售的开始

正视销售中的失败与拒绝

做任何事情都不可能一帆风顺的，销售更是如此。但是，既然你有勇气接受销售这份职业，你就应该敢于面对销售过程中的各种挫折，敢于正视客户的拒绝，敢于承受多日来没有签下一份购买合同的事实，敢于直面许多人对你的冷眼和歧视……当你敢于应对这些挫折，并努力想办法进行解决时，你已经开始踏上了销售的成功之路。

销售是最容易遭遇挫折的职业。销售员应以积极、坦然的态度对待销售的失败，真正做到不气馁。而现实中有些销售员经历了几次失败之后，担心失败的心理障碍愈加严重，以致于产生心态上的恶性循环。实际上，即使是最优秀的销售员，也不可能使每一次销售洽谈都能促成交易。在销售活动中，真正达成交易的只是少数。只有充分地认识到这一事实，你才会鼓起勇气，不怕失败，坦然接受销售活动可能产生的不同结果。

有一个销售员，名叫约翰，面对着客户多次说"不"的拒绝，他仍旧锲而不舍，千方百计地要把自己的阀门推销给纽约的一家食品厂，而该食品厂使用另一个牌子的阀门已有25年的历史了。

有一天中午，他拦住食品厂的总机械师，说他下午两点要去见他。两点刚过，总机械师气冲冲地走进会客厅，用愠怒的目光瞪了约翰一眼。约翰慌忙请他坐下，开门见山地问："你用的阀门漏不漏？"

"买阀门不是我的事！"总机械师大声说："你去找总工程师吧。"

约翰装作没听见他的话，继续问："什么设备上的阀门泄漏最多？"

"焦糖蒸汽罐上的，"总机械师不情愿地承认，"但我无权购买任何阀门。"

这时，约翰已经开始展示自己的样品，他把阀门拆开让总机械师看。由于在特硬底座和堵盘之间垫的是修剪好的薄钢片，因而阀门可以做到绝对的密封。

"你们的焦糖蒸汽罐上使用多大尺寸的阀门？"他问。

"3/4英寸的，"总机械师回答，"但我已经告诉你——我什么阀门也不能要。"

约翰根本不听此话，却对陷入困惑的总机械师下令道："你写一张请购单，就说需要一只3/4英寸的实心阀门，交给你们的采购员，然后你就会看到阀门的泄漏问题将会彻底解决。快去吧！"

最后，约翰真的得到了那份订单，他在几分钟之内做到了他们公司的经销商及推销员25年来未曾做到的事，原因是只要出现"不"字，他的耳朵就会自动堵上。

还有一位推销员，他从40岁开始从事推销工作，在此之前他从来没有过任何的推销经验。可是不到一年半的时间，他就成了当地最杰出的推销员，其所创造的业绩记录很久都没有人能打破。

有一次，有人问他，"你是怎样成功的，难道你不怕被别人拒绝吗？"他说："老实告诉你，我还真的挺怕被客户拒绝。"

人们觉得很奇怪，就接着问："那每当客户不买你的产品时，你心里是怎么想的呢？"

他说："当客户不买我的东西时，我并不觉得他们是在拒绝我，我只是认为自己还没有解释清楚，他们还不太了解而已。"

"那你会怎么做呢？"

"很简单啊！既然他们不太了解，我就再换一种方式向他们解释，如果还不了解，那么我就再换一种，一直到客户完全了解为止。"

曾经为了一个客户，他一直解说了一年多，换了20多种方式才终于让客户了解了产品的优点及好处，从而向他购买了产品。

上面提到的两位推销员成功的秘诀在哪里呢？很简单，就是他们对于"不"所下的定义。

销售失败是不可避免的，但问题不在于失败，而是对失败的态度。有些销售员把失败看成是自己无能的象征，把失败记录看成是自己能力低下的证明，这种态度才是真正的失败。如果销售员面对顾客的拒绝，害怕了，不敢前进，这样，与其说是在一次一次地逃避拒绝，不如说是在一次一次地赶走成功。如果害怕失败而不敢有所动作，那就是在一开始就放弃了任何成功的可能。所以，销售员必须学习如何去面对挫折和失败，进而提高转化挫折的力量，化阻力为助力，让自己的心情更健康、生活更充实。

1. 加强应对挫折的能力。

销售员的工作往往会遇到挫折，而挫折又往往会影响销售员的自信心和克服困难的意志。本来再做些工作买卖就可成交了，如果销售员因为刚刚遇到的挫折就灰心失望，就很可能会放弃即将获得成功的努力机会。所以，销售员应加强自己应对挫折的能力。

2. 把客户的拒绝当成磨炼。

军队里流行一句话："平时的要求叫训练，特殊的要求叫磨炼。"销售也应如此。如果你将客户的拒绝当成平时锻炼自己具备免疫功能的抗体，又何必担心这些外来的挫折会打击自己呢。你应该是愈挫愈勇，把客户的拒绝作为对自己销售技巧的磨炼。

3. 转变想法，保持心灵的自我平衡。

面对客户的拒绝，我们不应该只解读为自己的能力不够或专业知识不足。将客户的拒绝转移成"由于我的销售将会带给客户相当的利益，因此，拒绝是客户的损失"的想法，如此一来，你就可以使被伤害的心灵得到自我平衡。

4. 永远不放弃。

在优秀销售员的成功之路上，失败就是路上的一座座桥梁，正是这些桥梁的存在，才使得他们向着伟大的目标不断前进。在面对客户拒绝时，如果你觉得这是一件很可耻的事情，从而中断了自己的前进路程，那么，可想而知你将一无所成。除非你自己放弃，否则你不会被打垮。失败并不可怕，只要继续坚持，继续努力，你就会成功。

5. 掌握高超的销售技巧。

销售员只有具备高超的销售技巧，才能应付市场不同的需求、面对不同类型的客户群。因此，在将商品推销给客户时，你必须具备各种技巧。愈难推销的商品，愈需要高超的技巧才能达到目的。只要你具备足够的销售技巧，心里自然十分踏实而无所畏惧，如果你能将技巧运用自如，挫折与失败当然会愈来愈少。

让被拒绝成为前进的动力

销售是一项特殊的职业，不断面临着挑战，不断面临着失败与挫折，也不断面临着种种艰难与困苦，可以说，销售是一个具有一定的难度的工作。再成功的销售员也会遭到客户的拒绝，销售就是从被拒绝开始的。成功的销售员把被拒绝视为正常，并养成了对吃闭门羹不太在意的气度，无论遭到如何不客气的拒绝，都能保持彬彬有礼，而且毫不气馁。

舒斯特是美国保险推销界的推销大王。他初次踏入推销领域时，也曾遭遇到不少挫折和困难。但是，一次失败的教训，带给了他一生中最大的启示与转折点。

有一天，舒斯特到一家工厂拜访一位老板。那位老板正埋头于工作中，当舒斯特做过自我介绍并且说明来意后，他一副颇不耐烦的样子，挥挥手说："推销保险，我不需要！"舒斯特的自尊心受到严重的伤害。

于是，舒斯特一个人漫步于街头，信步走到一座公园，独自坐在冷板凳上反省，心想："自己到底适不适合当推销员？"左思右想之下，他越来越对推销工作感到气馁。这时候，一声"哎哟"引起了舒斯特的注意，原来有两位小朋友在练习溜冰，其中有一位小朋友不小心跌了个四脚朝天，却见他不当一回事地自己爬起来。舒斯特走上前去问："小弟弟，你不怕疼吗？"跌倒的男孩若无其事地回答说："我只想把溜冰学好，跌倒了，不算什么，再爬起来就是了。"听了小朋友的答话，舒斯特深受启发：一点也不错，跌倒了，再爬起来就是了，只要肯下工夫，一定能够成功的！

第二天，舒斯特又前往昨天碰过钉子的工厂拜访。首先，舒斯特告诉老板，他是为昨天冒昧的打扰，专程来致歉的。那位老板看到舒斯特如此客气，态度比昨天好多了。因此，舒斯特趁机请教他一个问题："如果贵工厂的职员在外面遇到了困难便退缩的话，你还用不用他？"这位聪明的老板立刻明白了舒斯特的言下之意，因此，立刻请舒斯特坐下，并且告诉舒斯特，他愿闻其详。

结果，舒斯特成功地拿到了这位工厂老板的订单。从此，舒斯特便不断地告诉自己："推销是从被拒绝开始的。摔倒了要勇敢地爬起来。"

可见，成功的销售员总是勇于面对顾客的拒绝。很多时候，被顾客拒绝并不意味着机会永远丧失。当销售员遇到拒绝时，一定要保持良好的心态，要理解顾客的拒绝心理，要以顽强的职业精神，不折不挠的态度正视拒绝，千万不要因此而心灰意冷，放弃这项工作。如果你能持之以恒，把所有的思想和精力都集中于化解顾客的拒绝之上，自然就会赢得顾客。

新华人寿行销总冠军蒙瑞英说："销售从拒绝开始，100个客户中有99个拒绝你很正常。一个接受你就是惊喜。遭受拒绝后，一定要坚持，客户往往欣赏的就是你的信心与耐力。"

销售肯定会遇到抗拒，如果每个人都排队去买产品，那销售员也就没有任何作用，顶尖销售员也不会被人们所尊重。所以，销售遭受拒绝是理所当然的。但优秀的销售员会时常抱着被拒绝的心理准备，并且怀有征服顾客的自信。他们会以极短的时间完成推销，即使失败了，他们也会冷静地分析顾客的拒绝方式，找出应对这种拒绝的方法来，待下次遇到这类拒绝时即可从容应对，成交率也会越来越高。

麦利为了拓展服装店的生意，积极进行着开发活动。他在打算进入一家店面之前，准备先在店面附近的仓库出入口逛逛。这时，他听到仓库内传来了争吵的声音，面对这种形势，麦利觉得会对推销十分不利。但既然来了，便决定上前和店主打个招呼。

于是，麦利上前对店主说："您好！不好意思，耽误您的宝贵时间，我只是想和您打个招呼而已。我是枫叶服装公司的麦利。"麦利边说边恭敬地递上了自己的名片。

当然，麦利知道在这种情况下，不可能会推销成功的，他也只是抱着再来一次的心理。但是令麦利意想不到的是，店主看也没看一眼名片便把它丢在了地上，说："我不需要你的东西，请走远点。"

见到对方这种态度，麦利十分愤怒，但却压住心中的怒火，弯下腰拾起被扔在地上的名片，并且说："很抱歉，打扰您了！"

得知这种情况后，麦利的同事都认为这家店一定攻不下来，但是在半个月后，麦利还是再度前往拜访。

来到店中，店主十分不好意思，向麦利解释说自己那天的行为并不是故意的，只是当时心情不好，所以才会做出那种过火的行为。后来，他还欣然接受了麦利的推销，并且还成为了麦利的最佳顾客。

在销售的过程中，销售员常见的挫折就是遭到客户的拒绝。尤其是对一些上门进行销售的销售员来说，吃到闭门羹也是一件非常正常的事情，但是却很少有销售员能用一种平和的心态来看待吃闭门羹这件事情。其实，对于销售来说，不可能第一次见面就谈成生意，但是如果你敢于面对这种被拒绝的挫折，用你真诚的心来使客户敞开自己的心扉，这样你就会与客户更加亲近，也就有助于销售的进行。

修炼耐心，多一点坚持和等待

有这样一个古老的传说：

在大海旁的一个渔村中，住着张三和李四两个渔民，他们俩都梦想成为富翁，摆脱每天捕鱼的生活。有一天夜里，张三做了一个梦，梦里有人告诉他对岸岛上的寺里有99株朱槿树，开红花的一株下面埋了一坛黄金。张三满心欢喜地驾船去了小岛，岛上一切景色果然如梦中所说。春天一到，99

株朱槿树全都盛开，只不过开的是清一色的淡黄花。张三便垂头丧气地回去了。李四知道了这件事后也来到了寺里，从秋天等到第二年春天。果然，在春风的吹拂下，朱槿花凌空开放，一株朱槿树盛开出美丽绝伦的红花。李四激动地在树下挖出一坛黄金，成为村里最富有的人。

这个故事告诉我们，在命运的门前，不妨多拿出一点耐心，哪怕多等一天、多等一个小时、多等一分钟，结果可能就会截然不同。

古语说："欲速则不达。"成功不是一天造成的，要有耐心才行。当你为某个目的努力奋斗了一段时间而未果的时候，如果没有足够的耐心而放弃了，那么，成功将会与你擦肩而过。

现实生活中，很多人都有积极行动的勇气，却常常缺乏等待胜利果实到来的耐心。成大事者，很多情况下不能大急大躁，而应有足够的信心和耐心等待机会和创造机会。销售工作也是如此。

许多销售员心浮气躁，总是急着卖出产品，其实这样是不利于销售的。因为成功是讲究储备的，仓库里的东西越充足，成功的机会就越大，也才能走得更远。

成功之路就如同一场马拉松赛跑，开始领先的人不一定能成为优胜者，甚至有可能跑不完全程。在漫长的销售征途上，耐心会起到决定性的作用。

一位著名的销售大师，在一生中取得了辉煌的成就，世人皆知。因为年龄大了，他即将告别自己的职业生涯，应人们的邀请，他答应做一场演说。

这天，会场上座无虚席，人们静静地坐在那儿，焦急而又热切地等待着。大幕徐徐拉开，舞台的正中央吊着一个巨大的铁球。为了这个铁球，台上搭起了高大的铁架。销售大师在热烈的掌声中，走了出来，站在铁架的一边。他穿着一件红色的运动服，脚下是一双白色胶鞋。

人们惊奇地望着他，不知道他要做出什么举动。两位工作人员抬着一个大铁锤，放在销售大师的面前。主持人邀请一位身体强壮的听众到台上来，销售大师请他用大铁锤去敲打那个吊着的铁球，直到把它荡起来。

年轻人奋力抢起大锤向那吊着的铁球砸去，一声震耳的响声后，吊球动也没动。他用大铁锤接二连三地砸向吊球，很快他就气喘吁吁，还是未能将铁球打动。

会场寂静无声。这时，销售大师从上衣口袋里掏出一个小锤，然后开始认真地对着那个巨大的铁球敲打。他用小锤对着铁球"咚"地敲了一下，然后停顿一下，再用小锤敲一下。

人们奇怪地看着，销售大师就那样"咚"地敲一下，然后停顿一下，就这样持续地做。

10分钟过去了，20分钟过去了，30分钟过去了，会场早已开始骚动，人们用各种声音和动作发泄着自己的不满。销售大师仍然一小锤一停地敲着，仿佛根本没有看见人们的反应。许多人愤然离去，会场上到处是空着的座位。

40分钟后，坐在前排的人突然叫道："球动了！"

霎时间，会场又变得鸦雀无声，人们聚精会神地看着那个铁球。那个球以很小的幅度摆动了起来，不仔细看很难察觉。大师仍旧一小锤一小锤地敲着，人们默默地听着那小锤敲打吊球的声响。

吊球在大师一锤一锤地敲打中越荡越高，它拉动着那个铁架子哐哐作响，它的巨大威力强烈地震撼着在场的每一个人。年轻人用大锤也没有打动的铁球，在大师小锤的敲打中却剧烈地摆荡起来，终于，场上爆发出一阵阵热烈的掌声。

最后，销售大师开口了，他只说了一句话："在成功的道路上，你没有耐心去等待成功的到来，那么，你只能面对失败。"

销售是一个漫长的过程，需要我们耐心地做事、等待、沟通、交流、付出。没有时间打底，销售是做不好的。所以，我们一定要有耐心，慢就是快。

坚持不懈，直到成功

销售工作绝不是一帆风顺的，会遇到很多困难，如果销售员没有良好的心态去接受挑战，而是轻易地被眼前暂时的困难所击败，那么就会陷入一个"起步——失败——再起步——再失败"的恶性循环，永远都无法达到收获成功的那一天。所以说，坚持是销售员最可贵的品质，只要坚持到底，你一定会成功。

科尔曾经是一家报社的职员。他刚到报社当广告业务员时，对自己很有信心，他向经理提出不要薪水，只按广告费提取佣金。经理答应了他的请求。

于是，他列出一份名单，准备去拜访一些很特别的客户，这些客户都是以前招揽不成功的。

在去拜访这些客户前，科尔把自己关在屋里，站在镜子前，把名单上的客户念了10遍，然后对自己说："在本月之前，你们将向我购买广告版面。"

他怀着坚定的信心去拜访客户。第一天，他和20个"不可能"的客户中的三个达成了交易；在第一个星期的另外几天，他又成交了两笔交易；到第一个月的月底，20个客户中只剩一个没有买他的广告。

在第二个月里，科尔没有去拜访新客户。每天早晨，那个拒绝买他广告的客户的商店一开门，他就进去请这个商人做广告，而每天早晨，这位商人都回答说："不！"每一次，当这位商人说"不"时，科尔就假装没听到，然后继续前去拜访。到那个月的最后一天，对科尔已经连着说了30天"不"的商人说："你已经浪费了一个月的时间来请我买你的广告。我现在想知道的是，你为何要坚持这样做。"

科尔说："我并没浪费时间，我是在学习，而你就是我的老师，我一直在训练自己坚忍不拔的精神。"那位商人点点头，接着科尔的话说："我也要向你承认，我也要向你学习，你已经教会了我坚持到底这一课。对我来说，这比金钱更有价值，为了向你表示我的感激，我要买你的一个广告版面，当做我付给你的学费。"

任何销售项目的成功都有一个量变到质变的积累和飞跃的过程，也只有当量积累到一定时期，事物才能发生质的飞跃。成就这种质的飞跃就要坚持、再坚持，努力、再努力。

日本著名保险推销大师原一平深有感触地说："推销就是初次遭到客户拒绝之后的坚持不懈。也许你会像我那样，连续几十次、几百次地遭到拒绝。然而，就在这几十次、几百次的拒绝之后，总有一次，客户将同意采纳你的计划。为了这仅有的一次机会，推销员在做着殊死的努力。"

在销售过程中，推销产品，签订合同，不会一谈就成，它需要一个持之以恒的努力过程。而往往有些销售员虽为销售任务付出了很多时间和努力，但因不能坚持到底，忍耐性不够，最终改弦易辙，使销售工作前功尽弃。殊不知，倘若自己再坚持一天或再去一次，自己所期望的结果就可能会出现。

一对从农村来城里打工的兄弟，几经周折才被一家礼品公司招聘为销售员。

他们没有固定的客户，也没有任何关系，每天只能提着钥匙链、影集、茶杯以及各种工艺品的样品，沿着城市的大街小巷去寻找买主。半年过去了，他们跑断了腿，磨破了嘴，仍然到处碰壁，连一个钥匙链也没有推销出去。

经历了无数次的失望后，弟弟磨掉了最后的耐心，他向哥哥提出两个人一起辞职，重找出路。哥哥说，万事开头难，再坚持一段时间，兴许下一次就有收获。弟弟不顾哥哥的挽留，毅然告别那家公司。

第二天，兄弟俩一同出门。弟弟按照招聘广告的指引到处找工作，哥哥依然提着样品四处寻找客户。那天晚上，两个人回到出租屋时却是两种心境：弟弟求职无功而返，哥哥却拿回来销售生涯的第一张订单。一家哥哥四次登门过的公司要召开一个大型会议，向他订购二百五十套精美的工艺品作为与会代表的纪念品，总价值二十多万元。哥哥因此拿到两万元的提成，淘到了打工的第一桶金。从此，哥哥的业绩不断攀升，订单一个接一个而来。

几年过去了，哥哥不仅拥有了汽车，还拥有一百多平方米的住房和自己的礼品公司。而弟弟的工作却走马灯似地换着，连穿衣吃饭都要靠哥哥资助。

弟弟向哥哥请教成功真谛。哥哥说："其实，我成功的全部秘诀就在于我比你多了一份坚持。"

遭受挫折或被拒绝，对销售员来说是一件非常沮丧的事情。它意味着自己为销售成交而准备的大量前期工作，将付诸东流，前功尽弃。如果你由此丧失信心，经受不起这个无情的打击，就会在这个职业上淘汰了自己。事实证明，只有那些坚持到底的人，才能最终赢得客户。

绝不放弃，不达目的不罢休

销售是一份充满机遇和挑战的工作。如果你想成为一名销售赢家，你就一定要有面对拒绝、接受拒绝和克服拒绝的勇气。拒绝可能来自语言，有时是情感方面。不管来自何方，你都要在内心坚定地对自己说："不，我决不能放弃，我决不投降。"

市清村是日本理研光学公司的董事长，也是举世闻名的企业家，他年轻的时候，也曾经是一位保险销售员。

有一次，市清村试图劝说一位校长参加投保，可三个月内，他跑了有十几趟，每次那位校长都客气而又坚决地回答他说："很抱歉，我不想买保险。"最后，市清村终于放弃了，他回到家里，疲惫地对妻子说："我实在不想干了，三个月来我马不停蹄地奔波，可却一点收效都没有。"

妻子充满爱怜地看着他说："为什么不再试一次呢？说不定再坚持一下就成功了呢！"

"为什么不再试一次呢？"妻子的话给了市清村很大触动。第二天，市清村怀着再试一次的想法，穿戴整齐，又一次敲开了校长家的门。没想到，这一次，还没等市清村开口，校长竟痛快地说："好吧，我买你的保险。"市清村愣在那里，真是又惊又喜。

自从那次成功以后，市清村的信心更足了，每推销一笔保险，他都坚持到底，直到最后成功。几个月后，他便成了他所在的九州地区最优秀的保险销售员。

后来，每次谈到自己成功的经验时，他都意味深长地说："我所有的成功都来自妻子的那句话——为什么不再试一次呢？"

其实，销售成功的秘诀就是初次遭到客户拒绝之后的不懈坚持。只要你不放弃，客户永远不会拒绝你。

成功的销售员是屡败屡战的，他们不相信失败，认为失败只是到达成功过程中出现的不正确方式。在短暂的失败中，他们学会了调整方法，促成自己进步。不断地进步，不断地改善，一次又一次从头开始，便有了最后的美好结果。

霍华德是美国寿险推销大王。他曾说，他的成功来自客户一次次的拒绝和他一次次地鼓起勇气的征服。

有一次，霍华德来到了尼尔·贝格的公司要求见贝格先生。刚一进公司，就被贝格先生的儿子小贝格先生拦住了。小贝格告诉他，贝格先生今天很忙，如果没有事先约好就不能见面。霍华德说他虽然没有预约，但贝格先生曾向他的公司索要一些资料，所以才来亲自拜访。

小贝格依然很严肃地告诉他，说贝格先生的办公室已经有三个人在等着了，让霍华德改日再来。

话音未落，贝格先生正好从他们身边走过。小贝格告诉他，这位先生想见他，贝格先生回头看了看霍华德就进仓库去了，霍华德也很快跟了进去。霍华德先做了自我介绍，就将贝格先生索要的材料递给了他，而贝格先生却说他并不想看什么材料，他只是在霍华德所在公司来信中见到受赠名单上有他的名字，就填了表格并且将它回寄给公司。贝格先生还告诉霍华德，他今天的确很忙，办公室还有三个人在等。何况，自己已经60岁了，早就不买保险了，该尽的义务都尽了，子女也都长大成人，只有家中太太和一个女儿跟他住在一起，他有足够的金钱过舒适的生活。

这种情况，在一般的寿险推销员看来，已经没有说服的可能了。而霍华德仍然没有放弃，他很自信地试着去说服贝格先生。他说，像贝格先生这么成功的人，除了事业和家庭外一定还有许多其他的兴趣和抱负。或许是办一家医院，投入宗教工作、传道或奉行慈善活动，或是其他有意义的事。这一切将会随着贝格先生的去世而停止，甚至是终止。假如贝格先生入了他们为他所计划的保险，无论贝格先生是生是死，这些有意义的事情都会继续下去。贝格若在70岁时仍然健在，每年将可以领到五千美元，虽然这并不算什么，但也可以让人非常愉快和满足。贝格先生听了觉得很有道理，于是告诉霍华德半小时以后和他再谈。

半小时后，霍华德被请进贝格先生的办公室。贝格先生又请霍华德再次谈了具体的想法和计划。这些计划都得到了贝格先生的认同，只是在价格方面，贝格先生觉得过高了。而霍华德只是提出更多的问题让他思考。最终，贝格先生被说服了，购买了这份保险，还立刻支付了8000美元的头期款。

销售其实没有什么秘诀，如果说有，那就是绝不放弃、永不言败！只有这种精神，才能让人在不断地遭遇挫折、失败后崛起，即使屡战屡败，也仍屡败屡战，直至成功。

勇往直前，走出销售低谷

　　人生总有失意的时候，在这一段时期内，你情绪低落，生活不如意、工作不如意、情感不如意，我们称之为人生低谷。同样在销售领域里，也有销售成绩不理想的一段时期，遭遇接连不断的闭门羹以后，几乎所有的销售员的情绪都会降到最低谷，不但对销售的产品失去信心，也对自己的能力和人生希望失去信心，这就是所谓的销售低谷。

　　原一平第一次遭遇销售低谷时，整天虚心检讨自己的优缺点，极力想从中找出原因，可是始终无法摆脱。有一天，他下定决心去拜访另一名资深推销人员，请教如何摆脱困境，没想到这位前辈却因酒醉在家休息，他知道后心中大为震撼，同时也认为自己这种行为未免太过天真。仔细思考了一个夜晚后，第二天一大早，他便起来冲个冷水澡（当时正值冬天），直接出门去拜访顾客。然而第一家他便被拒绝了，第二家也被拒绝了。但是他并不十分介意，依然继续拜访工作，他决意要试试看，一直拜访完十家，结果会怎么样？最后，终于在拜访第五家时结束了为期多日的噩梦。签完合同后，他跑到路上大声高叫："太好了！我并没有放弃！"一向一帆风顺的他，终于品尝到销售工作的真正辛酸，同时也在这一瞬间，他感到自己对于销售这份行业的热爱程度有多深。原一平说："最好的处理方式就是，拜访再拜访，在拜访过数十家，甚至数百家顾客后，一定会有成功的。一再追悔为什么无法促成，对于事情一点帮助也没有，倒不如好好想想看，为什么以往能在不可能促成的状况下签下合约！相信这反而能让自己找到更多以往遗漏的重点。"

销售是条漫长而又艰辛的路，不但要时时保持十足的冲劲做业绩，更得秉持着一贯的信念，自我激励，自我启发，只有这样才能坚强地面对重重难关。尤其是陷入销售低潮时期，若无法适时做好自我调节，销售这一条路势必将划上永远的休止符。有很多前景颇为看好的销售员，就是因为冲劲够但却无法保持下去，就悄然从这一璀璨的行业中引退。

当销售低谷出现时，就算是资深的销售员或是业绩一直保持稳定的销售员，也会发生连续两个月或三个月的业绩持续滑落的情况。未曾遇到过"销售低谷"的人绝对不会相信它的杀伤力有多大，曾经经历过的人则会暗暗祈祷噩梦不要再度来临。销售低谷，不仅使人精神郁闷，令人丧失冷静，连自己是何许人都会产生怀疑。

事实上，发生这种状况绝对不是没有原因的。其原因是：可能这段时间没有开拓新的顾客；可能最近活动量不够；也可能家中发生重大事故或生病，让自己失去应有的销售水准等等。显而易见，原因都是出在自己身上，除非是因重大事故或生病等不可抗拒的因素，否则失败的责任绝对得要自己来承担。有些销售员在运气好时，谈上一两回就能促成自己的生意。得来太容易的胜利往往把人冲昏了头，以为从此之后幸运便会永远垂青，不再多花时间培养新的顾客及熟客，整天就是呼朋唤友去喝咖啡消磨时间；待业绩出现断层时，则方寸大乱，不知道如何脱离困境。

首先，这种情形是自满与自傲造成的。活动量不足尚可轻易解决，自满与自傲却像一柄双锋的利剑，在一切状况顺利时会化为自信，使拜访活动更有活力；但当业绩陷入低谷时，它将成为无形的杀手，使一切自我钻研、自我努力的成果化为乌有，业绩平庸，难以向前迈进。

其次，也是更可怕的，是一石二鸟或三鸟。有些销售员不单以销售一家商品为满足，经常兼卖好几家不同的商品，结果造成贪多嚼不烂，最终一无所获。不满现状固然是驱使销售的原动力，但易有火力散漫、不易命中红心的缺点，这也是为什么"万能销售员"始终是个名词，却无法成真的原因！

再次，可能就是销售技术的问题。有的人迷信某种说明方式，便一成不变地将它运用在每个顾客身上。殊不知，久而久之一成不变的行为方式将磨去销售员原有的魄力与热情，再也无法感动顾客，终有一天会遇上不灵验的状况！

出现销售低谷时，其实也不用灰心，凡事总要看得开些。原一平曾经说："人生就是由无数烦恼穿成的念珠，达观的人是一面微笑一面去数它的。"何必自寻烦恼，最好把目标摆在下一期的业绩上。也许这段时期，正是对自己的销售能力及拜访活动做全盘检讨的最佳时机，在下一次重新出发时，能更有活力、更有技巧、更有要领地进行销售活动！

第三章 亮出自己
——让客户无法拒绝的自我推销术

销售产品前，先销售自己

作为一个销售员，你销售的最重要的产品是什么？美国汽车销售大师乔·吉拉德说得很清楚："销售头号产品——你自己！"

销售强调的一个基本原则是：销售产品之前，首先要销售你自己。所谓对客户销售你自己，就是让他们喜欢你、相信你、尊重你并且愿意接受你，换句话说，就是要让你的客户对你产生好感。很多时候，销售员就像是一件又一件的商品，有的相貌端正、彬彬有礼、态度真诚、服务周到，是人见人爱的抢手商品，所有的客户都喜欢；有的衣衫不整、粗俗鲁莽、傲慢冷淡、懒懒散散，令客户讨厌，甚至避而远之。

乔·吉拉德出生于美国底特律市的一个贫民家庭。16岁辍学，先后做过壁炉工、卡车司机、装配工、电镀工、饭店服务员……1963年，35岁的乔·吉拉德涉足汽车销售行业。1966年，他荣登"全世界零售汽车及卡车销售员第一名"的宝座，其名字被载入吉尼斯世界纪录。1975年，他获得美国成就奖审委会颁发的金杯奖。

"跟其他人一样，我并没有什么诀窍。我只是在销售世界上最好的产品，就是这样，我在销售乔·吉拉德。"

"你得销售你自己，这是一条最基本的销售原则，每一个销售员开始工作时都得学会这一点，人们更愿意与自己喜欢的人做生意。"

乔·吉拉德努力做到每一位客户心甘情愿到他那儿去买车，即使是一位五年没有见面的客户，但只要踏进乔·吉拉德的门槛，他就会让客户觉得像昨天才分手，并且他还非常挂念你。

乔·吉拉德每卖一辆车，都力争使客户像刚享受了一顿美餐一样，心满意足。他让客户由衷地高兴："那个吉拉德对我真好，我喜欢从他那儿买车。"

吉拉德之所以成为世界上"最伟大的销售员"，关键在于他对人的了解，而不是车，汽车只不过碰巧是他销售的产品罢了。这个道理，很多人不是不懂，他们也会说："先销售自己，再销售产品。"可是闻其言后，再观其行，就能发现他们整个人还是全部围绕着产品转，从而陷入了一个极大的误区。

销售行业是人与人打交道的事业，是你主动寻找客户的事业，如果客户连你这个人都无法接受、依赖，他更不可能成为你的客户，所以你要特别注意的是你给客户留下的第一印象是不是足够好。

销售自己是一种才华、一种艺术。有了这项才华，你就不愁吃，不愁穿了，因为当你学会销售自己，你几乎已可销售任何值得拥有的东西。

有一个保险销售员，在他最初从事这一行业的时候，每次出去拜访客户，总是失败而归，尽管他也很努力。

后来，这个销售员开始思考，究竟是什么原因导致自己失败，为什么客户总是不能接受自己……在确定自己销售的产品没有问题后，那就说明是自己身上的缺点让客户不喜欢，因此导致客户拒绝接受自己的产品。为此，这个销售员开始进行自我反思，找出自己的缺点，并一一改正。为了避免当局者迷，他还邀请自己的朋友和同事定期聚会，一起来批评自己，指出自己的不足，促进自己改进。

第一次聚会的时候，朋友和同事就给他提出了很多意见，比如：性情急躁，沉不住气；专业知识不扎实，应该继续学习；待人处事总是从自己的利益出发，没有为对方考虑；做事粗心大意，脾气太坏；常常自以为是，不听别人的劝告；等等。这个销售员听到这样的评论，不禁感到汗颜，原来自己有这么多的毛病啊，怪不得客户不喜欢自己。于是他痛下决心，一一改正。而且他还把这样的聚会坚持办了下来，然而他听到的批评和意见却越来越少。与此同时，在保险销售方面，他签的单子也越来越多，并且受到了越来越多客户的欢迎。

可见，在销售活动中，销售员自身和自己销售的产品同等重要，把自己包装好，让客户喜欢，客户才有可能购买你的产品。

要想让客户接受你的产品，首先就要让客户认同你，相信你，这就需要首先销售自己，也就是我们所说的"把自己卖出去"。如果没有销售好自己，即使再好的产品，恐怕也不会引起客户的兴趣。至于怎样销售自己，每个销售员都有自己的方法和技巧，无论是内在的提升还是外在的包装，对销售自我都是很重要的。

第一次见面，建立良好的第一印象

在人际交往中，第一印象是非常重要的，因为良好的第一印象会给对方带来好感，从而决定是否愿意深入接触。

我们常说的"给人留下一个好印象"，一般就是指的第一印象，说的是人与人第一次交往中给人留下的印象，心理学上称之为"首因效应"。在销售活动中，我们可以利用这种效应，展示给客户一种极好的形象，为以后的销售和沟通打下良好的基础。

所谓第一印象是对不熟悉的社会知觉对象第一次接触后形成的印象。初次见面时，对方的仪表、风度所给我们的最初印象往往形成日后交往时的依据。一般人通常根据最初印象而将他人加以归类，然后再从这一类别系统中对这个人加以推论与作出判断。人与人之间的相互交往、人际关系的建立，往往是根据第一印象所形成的论断。

有一位经验丰富的经理说："有一天，一个人来拜访我。他穿得就像一部著名的老剧《上午之后》中的一个角色。他开始做一个好得非同寻常的销售推介，但我老是走神。我看着他的鞋子、他的裤子，然后再把目光扫过他的衬衫和领带。大部分时间里我都在想，如果这位专业销售人员说的都是真的，那他为什么穿得如此落魄呢？

"他告诉我他手中有很多订单，他有许多客户，他们也购买了大量的这种产品。但他的个人外表致命地显示他说的话不是真的。我最后没有购买，因为我对他的陈述没有信心。"

有一句谚语是这样说的："第一印象永远不可能有第二次机会。"没有人会愿意和一个他打心眼里看不起的人做生意，但如果一个人能够给别人留下美好印象的话，他至少可以获得一个听取意见的机会。可见，给人留下良好的第一印象是销售成功的关键。

在人际交往中，人们对某人形成的某种第一印象，通常难以改变。而且，人们还会寻找更多的理由去支持这种印象。因此，初次见面就给人留下不好的印象的人，通常是不讨人喜欢的人，而第一次交往就给人留下美好印象的人，更容易受人欢迎。

于洋是一位销售新人，他的工作是销售各种防盗门窗。上班的第一天，老板就交给他一个很重要的任务，让他到一个很有钱的客户家里推销防盗门。在此之前已经有五位很有经验的销售员去过，但都没有成功。

于洋非常紧张，想着自己刚刚入行，没有经验，当他站在客户的家门口时，手脚都在不由自主地发抖。但他还是摁了门铃。一位中年妇女打开门，听他结结巴巴地做完自我介绍后，请他进了屋。

于洋在那儿待了两个多小时，喝掉了十几杯茶，虽然表现得有些紧张，但出人意料的是那位女士却当场在合同上签了字，买下了价值一万元的防盗门。

在这之前，那位女士已经打发走了五位防盗门窗的销售员，而且他们的开价都比于洋的低。但是她为什么偏偏选择和于洋签单呢？原因其实很简单，那位女士说："这个小伙子敦厚的表现让我放心，我喜欢这个小伙子。"

在那两个多小时的时间里，于洋凭着他的谦恭、礼貌、真诚和可爱赢得了那位女士的信任，并最终谈好了这笔生意。他没有口若悬河地夸夸其谈，没有和客户谈折扣，没有用花言巧语来蛊惑客户，也没有表现得低三下四、唯唯诺诺或者趾高气扬、目中无人，仅仅靠自己正直的人格，换取了客户的喜欢和信任。

在这个事例中，给客户留下了良好的第一印象是于洋成功的关键。假如你能够被客户喜欢，那么你就已经成功了一半。

第一印象真的很重要。一个人的第一印象往往会给对方留下很深的烙印，如果你在第一次交往中给别人留下了一个好印象，别人就乐于跟你进行第二次交往；相反，如果你在第一次交际中表现不佳或很差，往往很难挽回。因此，在与人的初次交往过程中，要注意给人留下良好的第一印象。

卡耐基说过："良好的第一印象是登堂入室的门票。"不可否认，给他人第一印象的好坏直接影响着你在他人心目中受欢迎的程度。美国心理学家亚瑟所作有关第一印象的研究中指出，人们在会面之初所获得的对他人的印象，往往与以后所得到的印象相一致。那么，怎样才能给人良好的第一印象呢？从根本上说，它离不开提高自己的文明程度和修养水平，离不开进行经常的心理锻炼。心理学家为销售人员提出下面几条建议：

1．注意仪表。

仪表是一个人内部思想的体现，它反映了个体内在的修养。得体的仪表，是展现个人魅力的重要手段之一。因为第一次见面，别人是没办法去了解你的内在美的，而你体现在着装上的个性让别人看得明白。如果你穿得得体，那就会给别人留下一个好的印象。注意自己的穿着，不一定要穿上最流行、最时髦的衣服，只要穿着整洁，合适你的性格和体型的就可以了。

2．注意谈吐。

一个人的谈吐可以充分体现其魅力、才气及修养。一个人有没有才气最容易从讲话中表现出来。在与客户沟通时，要注意环境气氛，决不要喧宾夺主，自说自话。风趣，幽默的言谈给人以听觉的享受和心灵的美感。

3．展现风度。

风度是一个人的性格和气质的外在表现，是在长期的社会实践中所形成的好的性格、气质的自然流露，属于一个人的外部形态。要有美的风度，关键在于个人在实践中培养自身的内在美，形成美的心灵。古人早就说过："诚于中而形于外。"心里诚实，才有老实的样子。当然，人的风度是多样的，不能强求一律。人的风度的多样性，是为人的性格、气质的多样性所决定的。但是，无论性格、气质的多样性也好，还是风度的多样性也好，都应当体现出人的美的本质。

4．注意行为举止。

行为动作是一个人内在气质、修养的表现。男子的举止要讲究潇洒、刚强。女子的举止要注意优美、含蓄。在一般情况下，大方、随和乐观、热情的人总受人欢迎；炫耀、粗鲁或过于拘束的人则让人生厌。

着装形象标志着一个人的前程

在销售活动中，最先映入顾客眼帘的是销售员的衣着服饰。一般来说，衣着打扮能直接反映出一个人的修养、气质和情操。穿戴整齐、干净利落的销售员容易赢得顾客的信任和好感；而衣冠不整的销售员会让顾客留下办事马虎、懒惰、糊涂的印象。

有心理学家做过关于外表影响力的实验，很能说明问题。两位男士，一位衣装笔挺，另一位穿沾满油污的工人服，在人行横道的红灯亮起而无过往车辆的时候穿越马路，结果，跟随衣着笔挺者的群众远远高于后者。美国一项调查也表明，80%的顾客对销售员的不良外表持反感态度。

服饰对销售员而言，也可以说是销售商品的外包装。包装纸如果粗糙，里面的商品再好，也会容易被人误解为是廉价的商品。

正所谓"人要衣装，佛要金装"。因此，你要从穿着打扮和调整外表着手，从头到脚，处处要表现出你的形象。

让我们来看看美国保险销售大师法兰克·贝格的故事。

法兰克刚开始做销售工作时，他不是很重视自己的着装打扮，销售业绩也不尽如人意。他的一位业绩很出色的同事对他说："你看看你自己，销售员哪有那么长的头发，这样长的头发让你看起来根本不像是销售员，而像橄榄球运动员。把你的长发剪短，以后每周修剪一次，这样让你看起来精神十足。跟人学学系领带，这样显得你尊重别人。还有你的衣服颜色搭配得极不协调，需要重新认真搭配。先这样，其他的你再找个行家好好地教你一番。"

"可是，我没有那么多的钱用来打扮！"法兰克辩解说。

"你这是什么话？"同事反问道，"我是在为你着想，这样不仅不会多花一分钱，还会帮你省钱。我想，你的着装最好找一个男装专营店的老板帮你挑比较好，如果你不认识这样的人，可以直接去找我的朋友史比克，就说是我介绍你去的。见到他后，你就直接告诉他你想有体面的着装，但是没有足够的钱买名牌，他如果尽可能地帮你，你就直接从他那里购买好了。这样的话，他就会教你令人满意的着装打扮，这样既省时又省钱，何乐而不为呢？你按我告诉你的方法去施行，到时你准会赚到许多的钱。"

法兰克从来没有听过这样的话，感觉很新鲜。但是为了改变眼下的现状，法兰克听从同事的建议后，来到了一家高级美发厅，把自己的长发剪成了短发，并告诉理发师他以后每周来一次。他相信这种投资会马上就赚回来，尽管眼下要多花一些钱，但从长远看确实是值得的。

理完发后，法兰克接着又去了那位同事介绍的男装店，请史比克先生给他一些着装上的建议。史比克先生先是教会法兰克怎样打领带，然后帮他选了一套适合的西服，还有与之相匹配的衬衫、袜子、领带等。史比克先生一边挑选，一边为他解说为什么要挑选这种颜色、式样，另外还送给法兰克一本有关着装礼仪方面的书。除了这些，他还对法兰克讲了季节与衣服的搭配以及衣服中哪种最省钱，这为法兰克节省了不少钱。法兰克以前之所以客户少之又少，也没有业绩，究其原因就是他着装不整洁干净，没有给客户留下好印象。史比克先生对法兰克告诫说："没有见到过像你这样好几天都是穿同一套衣服的销售员。纵然只有两套衣服，你也应该经常换洗，而且要将洗干净的裤子的裤腿拉直再挂好，同时自己的西装也要经常烫熨。"

果然，不久之后，法兰克拥有了足够买衣服的钱。因为他的新形象为他争取到了许多的订单。听了史比克先生对他说的话后，他的西装总是笔挺的，而他坚定的信心和专业的言行举止在客户心中留下了良好印象，随后的订单也就自然地多了起来。

再后来，法兰克获得了世界级销售大师的称号。如果说他的形象价值百万，相信是当之无愧的。

销售顺利与否，第一印象至关重要。有这样一句话："着装打扮不是万能的，但打扮不好是万万不行的。"这话包含有深刻的内涵。得体的穿着会让你增加信心，让你在销售上事半功倍。相反，如果你衣冠不整地站在客户面前，你不佳的形象不但会引起客户的反感，而且即将到手的订单也可能会就此失去。

在销售行业中，衣着打扮光鲜、品位好、格调高的销售员，往往占尽先机。然而这并不意味着打扮得越华丽越好。对销售员来说，最重要的是打扮适宜得体，这样才能得到顾客的重视和好感。适宜的衣着是仪表的关键，所以销售员应该注意服饰与装束。

那么，销售员究竟怎样的装扮才能称得上是得体呢？

要想做一个专业的销售员，一定要有一个适合自己的着装标准。对于男性销售员而言，与客户见面时可以穿有领T恤和西裤，使自己显得随和而亲切，但要避免穿着牛仔装，以免显得过于随便。如果是去客户的办公室，则要求穿西装，因为这样会显得庄重而正式。在所有的男式服装中，西装是最重要的，得体的西装会使你显得神采奕奕、气质高雅、内涵丰富、卓尔不凡。

销售员在选择西装时，最重要的不是价格和品牌，而是包括面料、裁剪、加工工艺等在内的许多细节。在款式上，应样式简洁。在色彩选择上，以单色为宜，建议至少要有一套深蓝色的西装。深蓝色显示出高雅、理性、稳重；灰色比较中庸、平和，显得庄重而得体；咖啡色是一种自然而朴素的色彩，显得亲切而别具一格。

另外，西装要熨烫，口袋里不要塞得鼓鼓囊囊。切忌在西裤上别着手机、大串钥匙，这会破坏西装的整体感觉。

在选择领带时，除颜色必须与自己的西装和衬衫协调之外，还要求干净、平整不起皱。领带长度要合适，打好的领带尖应恰好触及皮带扣，领带的宽度应该与西装翻领的宽度和谐。

而在选择衬衫时，应注意衬衫的领型、质地、款式都要与外套和领带协调，色彩上与个人特点相符合。纯白色和天蓝色衬衫一般是必备的。注意衬衫领口和袖口要干净。

在着装的搭配中，袜子也是体现销售员品位的细节。选择袜子时，应以黑、褐、灰、蓝单色或简单的提花为主的棉质袜子为佳。切记袜子宁长勿短，袜口不可以暴露在外。袜子颜色要和西装协调，最好不要选太浅的颜色。

鞋的款式和质地也直接影响到销售员的整体形象。黑色或深棕色的皮鞋是不变的经典。无论穿什么鞋，都要注意保持鞋子的光亮，光洁的皮鞋会给人以专业、整齐的感觉。

女性销售员在着装上，也有许多需要注意的地方，最好不要选择皱巴巴的衣服，这样会让客户觉得你很邋遢，而平整的衣服使你显得精神焕发，所以应保持衣服平整。建议购买服装时多选择一些不易皱、不起褶的衣料。

在选择袜子时，要以近似肤色或与服装搭配得当为宜。夏季可以选择浅色或近似肤色的袜子。冬季的服装颜色偏深，袜子的颜色也可适当加深。女性销售员应在皮包内放一双备用丝袜，以便当丝袜被弄脏或破损时可以及时更换，避免尴尬。

对于很多女性销售员来说，佩戴饰品能够起到画龙点睛的作用，给女士们增添色彩。但是佩戴的饰品不宜过多，否则会分散对方的注意力。佩戴饰品时，应尽量选择同一色系。佩戴首饰最关键的就是要与你的整体服饰搭配统一起来。

另外，给销售员的一个建议是，选择服装既不要过于时尚，也不能随心所欲。作为一个销售员，前卫时尚不适合你的身份，也不会对你产生任何积极的作用。建议你采用比较中庸的造型，这样一来，在追求新颖的年轻客户看来，你不是太保守；思想保守的中老年客户看来，你也是一个可以信赖的人。大方简洁的衣服也许不能给你增色，但至少不会给你带来负面影响，它不会让你看起来是轻狂的或者浅薄的，相反一个循规蹈矩的形象或许能够提升你的信任度！另外，有些年轻的销售员，总是凭着个人喜好，直接穿着喜欢的肥腿牛仔裤或者T恤衫去见客户，但这可能会给人一种不稳重的感觉，让客户不信任。

客户就是这么挑剔，因为你对于他们来说是陌生人，他们对你的判断，就在见面的头几分钟！

因此，在工作的时候，销售员一定要改掉自己随心所欲的穿着习惯。衣服的选择一定要得体，应该跟你所从事的职业相适应，和你的身份、年龄、气质、场合相协调。

举止恰到好处，让顾客乐于接受你

莎士比亚曾说："诚恳的举止态度，往往能感动他人，使他变得和你一样真诚。"对销售人员来说，要树立良好的形象，必须注重自己的行为举止。一个人的外在举止可直接表明他的态度，影响销售的成败。

原一平是尽人皆知的销售大师，但在他还是一个销售新人时，也经过了不少失败的挫折。有一次，原一平和一位资深的同事一起去做客户回访。在访问一家百货店之后，那位同事觉得很劳累，好在预定的访问任务完成得不错，只剩下有限的几处。原一平决定自己单独前往，留那位同事在百货店休息。

完成了剩下的几处访谈之后，原一平已累得东倒西歪，连步子都迈不稳了。那天恰巧又比较热，原一平不由自主地放松了自己，帽子歪斜着，衣扣不整，敞着领口，脚步拖拉。他匆匆忙忙赶回那家百货店会合同事，推开玻璃门，边喊边闯进去。在原一平心里，和那百货店的老板已经是很熟了，便把应该有的礼貌仪容全都抛在了一边。

那位同事已经先走了，百货店的老板见了原一平那副模样大为不满，愤怒地说："早知道你们是这副模样，我压根儿不会投你们明治的保险。我是信任明治保险，没想到你们这些员工的行为举止却是这么无礼、随便……"

听到这些，原一平赶紧向客户赔礼道歉，并得到了客户的谅解。

行为举止是一种无声的语言，是一个人性格、修养的外在体现，它会直接影响到客户对销售员的观感和评价。因此，销售员在客户面前一定要做到举止高雅，坐、立、行都要大方得体。

1. 坐姿

一些销售员在客户面前总是坐立不安，晃来晃去，结果给客户留下了极不好的印象，他们的推销往往以失败告终。那么怎样才算"坐有坐相"呢？大体上说，我们在就座时需要注意以下事项，避免引起客户的反感。

入座轻柔和缓，至少要坐满椅子的2/3，轻靠椅背，身体稍前倾，以表示对客户的尊敬，千万不可猛起猛坐，以免碰得桌椅乱响，或带翻桌上的茶具和物品，令人尴尬。

坐下后，不要频繁转换姿势，也不要东张西望，上身要自然挺立，不东倒西歪。如果你一坐下来就像一摊泥一样地靠在椅背上或忸怩作态，会令人反感；两腿不要分得过开，两脚应平落在地上，而不应高高地跷起来摇晃或抖动。

总的说来，男士的坐姿要端正，女士的坐姿要优雅。

2. 站姿

销售员必须"站有站相"，因为良好的站姿能衬托出高雅的风度和庄重的气质。正确站姿的基本要点是挺直、稳重和灵活。站姿的禁忌是：一忌两腿交叉站立，因为它给人以不严肃、不稳重的感觉；二忌双手或单手叉腰，因为它给人以大大咧咧、傲慢无礼的感觉，在异性面前则有挑逗之嫌；三忌双手反背于背后，给人以傲慢的感觉；四忌双手插入衣袋或裤袋中，显得拘谨、小气；五忌弯腰驼背、左摇右晃、撅起臀部等不雅的站姿，给人懒惰、轻薄、不健康的印象；六忌身体倚门、靠墙、靠柱，给人以懒散的感受；七忌身体抖动或晃动，会给人留下漫不经心、轻浮或没有教养的印象。

3. 走姿

走路姿势对销售员来说也同样重要，因为潇洒优美的走路姿势不仅能显示出销售员的动态美，也能体现出销售员自信乐观的精神状态。人们常说"行如风"，这里并不是指走路飞快，如一阵风刮过，而是指走路时要轻快而飘逸。具体要求是：

走路时要抬头挺胸，步履轻盈，目光前视，步幅适中；

双手和身体随节律自然摆动，切忌驼背、低头、扭腰、扭肩；

多人一起行走时，应避免排成横队、勾肩搭背、边走边大声说笑；

男性不应在行走时抽烟，女性不应在行走时吃零食。养成走路时注意自己风度、形象的习惯。

4. 忌不雅动作

除了注意坐、立、行的姿势外，销售员还要特别注意千万不要在客户面前做出一些不雅举动，这些不雅举动会使你的形象大打折扣，甚至会损害一桩交易。

在一个不吸烟的客户面前吸烟是一种很失礼的行为，这样做不仅会令对方感到不舒服，还会令他对你敬而远之。

无论男女，搔痒动作都非常不雅。如果你当众搔痒，会令客户产生不好的联想，诸如皮肤病、不爱干净等，让客户感觉不舒服。

对着客户咳嗽或随地吐痰，这也是一种应该杜绝的恶习。每一个销售员都应清醒地认识到，随地吐痰是一种破坏环境卫生的不良行为，这种举动本身就意味着你缺少修养。

打哈欠、伸懒腰。这样会让客户觉得你精神不佳，或不耐烦，客户因而也会对你和你的产品失去兴趣。

高谈阔论，大声喧哗。这种行为会让客户感觉你目中无人。一个毫不顾及旁人感受的人又怎么会为客户提供细致的服务呢？

交叉双臂抱在胸前，摇头晃脑。这样的举止会令客户觉得你不拘小节，是个粗心的人。

双脚叉开、前伸，人半躺在椅子上。这样显得非常懒散，而且缺乏教养，对客户不尊重，很容易让客户产生反感。

总而言之，我们的一举一动、一颦一笑，都在客户的审视之下，因此，我们不得不加以注意。

恰当的称呼，让人心里觉得舒服

称呼是指人们在正常交往应酬中，彼此之间所采用的称谓语。在日常生活中，称呼应当亲切、准确、合乎常规。正确恰当的称呼，体现了对对方的尊敬或亲密程度，同时也反映了自身的文化素质。

俗语说："良言一句三冬暖。"得体的称呼就像一份见面礼，给对方带来心理上的满足，使沟通更加顺畅。如果称呼不得体，往往会引起对方的不快，甚至令对方生气，使双方陷入尴尬，造成交往障碍或中断。

有一位先生为一位外国朋友订做生日蛋糕。他来到一家酒店的餐厅，对服务小姐说："小姐，您好，我要为我的一位外国朋友订一份生日蛋糕，同时制作一份贺卡，你看可以吗？"小姐接过订单一看，忙说："对不起，请问先生，您的朋友是小姐还是太太？"这位先生也不清楚这位外国朋友结婚没有，从来没有打听过，他为难地抓了抓后脑勺想想说："小姐？太太？一大把岁数了，太太。"生日蛋糕做好后，服务员小姐按地址到酒店客房送生日蛋糕，敲门，一女子开门，服务员小姐有礼貌地说："请问，您是怀特太太吗？"女子愣了愣，不高兴地说："错了！"服务员小姐丈二和尚摸不着头脑，抬头看看门牌号，再回去打个电话问那位先生，没错，房间号码没错。再敲一遍，开门："没错，怀特太太，这是您的蛋糕。"那女子大声说："告诉你错了，这里只有怀特小姐，没有怀特太太。"啪地一声，门被大力关上，蛋糕掉到了地上。

这个故事，就是因为错误的称呼所造成的。在西方，特别是女子，很重视正确的称呼。如果搞错了，引起对方的不快，往往好事就变成坏事。由此可见，称呼是否得体在一定程度上决定了人们交往活动的成败。心理学家认为，得体的称呼能使人身心愉悦，增强自信，有助于形成亲密和谐的人际关系，也能缩短人和人之间的心理距离。

销售员在销售过程中首先是与客户打招呼，引起客户重视，那么在称呼上就要讲究一点艺术性。

1. 选择正确的称呼方式。

（1）根据对方的年龄特征称呼。称呼长者，一般都用尊称，例如"老爷爷""老奶奶""大叔""大娘"等。

（2）根据对方的职业特征称呼。称呼工人、司机、理发师、厨师等用"师傅"，称呼教师为"老师"，称呼医生为"大夫"。

（3）根据对方的身份特征称呼。有时候因为年龄问题，别人可能不愿意接受你的称呼，最好的办法就是名字加称呼。

（4）根据你和别人的亲疏关系称呼。在与多人同时打招呼时，要注意亲疏远近和主次关系。一般来说先长后幼、先上后下、先女后男、先疏后亲为宜。

（5）根据说话场合称呼。在日常生活中，对领导、对上级最好不称官职，以"老李""老张"相称，使人感到平易近人。在正式场合下最好称呼职称，这样才能体现工作的严肃性。

2. 称呼的禁忌。

我们在使用称呼时，一定要避免下面几种失敬的做法。

（1）使用错误的称呼。

常见的错误称呼无非就是误读或是误会。

误读也就是念错姓名。为了避免这种情况的发生，对于不认识的字，事先要有所准备；如果是临时遇到，就要谦虚请教。

误会，主要是对被称呼者的年纪、辈分、婚否以及与其他人的关系作出了错误判断。比如，将未婚妇女称为"夫人"，就属于误会。

（2）使用不通行的称呼。

有些称呼，具有一定的地域性，比如山东人喜欢称呼"伙计"，但南方人听来"伙计"肯定是"打工仔"。中国人把配偶经常称为"爱人"，在外国人的意识里，"爱人"是"第三者"的意思。

（3）使用不当的称呼。

工人可以称呼为"师傅"，道士、和尚、尼姑可以称呼为"出家人"。但如果用这些来称呼其他人，没准还会让对方产生自己被贬低的感觉。

（4）使用庸俗的称呼。

有些称呼在正式场合不适合使用。例如，"兄弟""哥们儿"等一类的称呼，虽然听起来亲切，但显得档次不高。

（5）称呼外号。

对于关系一般的，不要自作主张给对方起外号，也不能用道听途说来的外号去称呼对方，更不能随便拿别人的姓名乱开玩笑。

总之，称呼他人是一门极为重要的事情。若称呼得不妥当，则很容易让他人产生反感，甚至嫉恨在心久久无法释怀。一个热情、友好而得体的称呼，能似妙言入耳，如春风拂面，使对方顿生亲切、温馨之感。

大家都知道握手，但不见得会握手

在日常生活中，握手是一种经常使用的礼节方式，不仅常用在人们见面和告辞时，更可作为一种祝贺、感谢或相互鼓励的表示。尽管对绝大多数人而言，握手只是两个人之间双手相握的一个简单动作，但却是沟通、交流、增进人际交往的重要手段。

美国爱荷华大学的研究人员对100名学生进行了模拟求职面试。在求职前和求职后，这些学生分别与5位人际关系研究学家握手，专家分别给学生打"握手分"。结果发现，握手有力的求职者受雇佣的成功率远远大于握手无力的求职者。

某跨国大公司要招聘一位重要的工程师，开价年薪为60万美元。经过多方考核，该公司人力资源部门经理最终筛选出两名候选人。这两名人选，各方面的条件旗鼓相当，令人难以定夺。于是，人力经理就向老板作了汇报。老板当即说："下星期一上班时，请他们两位来，让我面试。"周一一上班，人力经理就将这两位候选人的相关详细材料呈送给了老板。老板喝完咖啡，没看材料就让人力经理传唤候选人来面试。人力经理颇感惊讶地提示老板："您是否先看一下材料再……"老板果断地说："不用了，你就去叫吧！"

两位候选人先后进来，与老板一一握手后，简单地聊了几句。然后，老板当即表态，决定录用第一位面试者。事后，人力经理问老板："您连材料都没看，怎么这么快就作出决定了呢？"老板回答说："我是通过握手的感觉来作出选择的。"老板看到人力经理感到诧异，就作了说明："第一位和我握手时，我感到他的手比较温暖，握手时用力适当，再加上他的谈吐自然。给人一种充满自信、具有亲和力、身体健康的感觉；而第二位和我握手时，他的手冰凉、且略出冷汗，握手时无力，稍带颤抖。给人的感觉显得拘谨矜持，身体不够健康，可能患有高血压病。"人力经理再翻阅这两人的材料，果然发现，第一位身体健康，性格开朗，而第二位确实患有高血压症，而且性格内向……

握手是沟通思想、交流感情、增进友谊的重要方式。通过握手的动作，往往显露一个人的个性，给人留下不同印象。美国著名盲聋作家海伦·凯勒写道："我接触的手，虽然无言，却极有表现力。有的人握手能拒人千里之外，我握着他们冷冰冰的指尖，就像和凛冽的北风握手一样。也有些人的手充满阳光，他们握住你的手，使你感到温暖。"这从侧面证明，恰到好处的握手可以向对方表现自己的真诚与自信，也是吸引人脉和赢得信任的契机。对销售人员来说，一个积极的、有力度的正确的握手，表达了你友好的态度和可信度，也表现了你对别人的重视和尊重。一个无力的、漫不经心的、错误的握手，立刻传送出不利于你的信息，让你无法用语言来弥补，会给对方留下对你非常不利的第一印象。

握手只有几秒钟的时间，但这短短的几秒钟是如此的关键，立刻决定了别人对你的喜欢程度。通过握手时的举止行为，在一个侧面可以断定许多问题：双方关系远近、情感厚薄、个人文化修养、地位和工作精神，乃至于为人处事的方式与品性等。握手的方式向别人传递了你的态度是热情还是冷淡，积极还是消极，是尊重他、诚恳相待，还是居高临下、敷衍了事。热情、文雅而得体的握手能让人感受到愉悦、信任和接受，促进彼此间的交流和了解。

与陌生人初次见面，人们大都会重视着装和微笑。但据调查指出，握手同样能够对人的第一印象起重要作用，因为人类能够对来自内在或者外在的刺激作出强烈敏锐的反应。所以，想在初次见面留给客户良好的印象，销售人员就要学会与人握手的技巧。

1. 握手的方式

握手需要用右手。握手时要注视对方，千万不要一面握手，一面斜视他处，或东张西望，这都是不尊重对方的表现。有时为了表示更多的敬意，握手时还要微微点头鞠躬。握手时要上下微摇，不是一握不动。

一般是站着握手，除因重病或其他原因不能站立外，不要坐着与人握手。不过，如果两人都是坐着，可以微曲向前握手。

人多时，注意不要交叉式握手，可待别人握完再握。每逢热烈兴奋的气氛时有些人容易忽略这一点，要特别注意。到客户家中，如果人数较多，只需与主人及熟识的人握手，其余的人只需点头致意。但经过主人介绍的，就要逐一握手致意。

握手时要脱去手套，如因故来不及脱掉就握手，须向对方说明原因并表示歉意。不过，据欧美传统礼貌，穿大礼服、戴白羊皮手套者，因不易脱下，按习惯可以不脱手套握手，但须请求对方原谅。另外，据西方传统，地位高的人和妇女也可以戴手套握手。

用右手握手后，左手也加握，也可说用双手握手，这是现代人常实行的礼节，以表示更加亲切，更加尊重对方。但这种礼节，不必每次都用，男人对女宾则一般不用。

2. 握手的时间

握手的时间应长短适宜，一般以三至五秒为好。如初次见面，握手时间不宜过长。如果老朋友意外相见，握手时间可适当加长，以表示不期而遇的喜悦或真诚，甚至可以一边握手一边寒暄，但一般也不要超过20秒为好。男士与女士握手，时间不宜过长，拉住女士的手不放是很不礼貌的。

3. 握手的力度

握手用力要均匀，不要死握住对方不放，让人有痛感，尤其对女性，不能让女性产生痛楚感。也不要松松垮垮，软绵无力，尤其是男性，握手如果无力，只轻轻碰一下，被认为是毫无诚意或拒人于千里之外。对于女性而言，握手可以松软些，不必太用力。男人同女人握手，一般只轻握对方的手指部分。握姿要沉稳、热情、真诚。所谓轻重适宜，就是指握手时的力度能传递自己的热情但又不失于粗鲁。

4. 握手的禁忌

（1）出手顺序

在一般情况下，平辈、朋友或熟人先伸手为有礼，而对老人、长辈或贵宾时则应等对方先伸手，自己才可伸手去接握。否则，便会看做是不礼貌的表现。

（2）握手姿势

握手时，不能昂首挺胸，身体可稍微前倾，以示尊重，但也不能因对方是贵宾时就显得胆小拘谨，只把手指轻轻接触对方的手掌就算握手，也不能因感到"荣幸"而久握对方的手不放。

（3）与老人或贵宾握手

当老人或贵宾向你伸手时，应快步上前，用双手握住对方的手，这也是尊敬对方的表示。同时，你还应根据场合，边握手边打招呼问候，如"您好""欢迎您""见到您很荣幸"等热情致意的话。

（4）与多人握手

遇到若干人在一起时，握手、致意的顺序是：先贵宾、老人，后同事、晚辈，先女后男。还必须注意，不要几个人竞相交叉握手，或在跨门槛甚至隔着门槛时握手，这些做法也是失礼的行为。

（5）注意双手卫生

在销售过程中，除注意个人仪容整洁大方外，还应注意双手的卫生，以不干净或者湿的手与人握手，是不礼貌的。如果客户来到你面前，并主动伸出手来，而你此时正在洗东西、擦油污之物等，你可先点头致意，同时亮出双手，简单说明一下情况并表示歉意，以取得对方的谅解，同时赶紧洗好手，热情予以招待。

综上所述，握手虽然是一件小事，却能在细节中体现个人修养，看出一个人的性格。对销售人员来说，千万不可忽视握手这个以小见大的沟通举动，要时刻注意握手的礼节，这是讨客户喜欢的策略之一。

不要忘记微笑：你的微笑价值百万

在美国，曾经发生过一个真实的故事：

美国加州一位六岁的小女孩，在一次偶然的机会中，遇到一个陌生的路人，陌生人一下子给了她四万美元的现款。

一个女孩突然得到这么大金额的馈赠，消息一传出，整个加州都为之疯狂骚动起来。

记者纷纷找上门，访问这个小女孩："小妹妹，你在路上遇到的那位陌生人，你真不认识他吗？他是你的一位远房亲戚吗？他为什么给你那么多钱？四万美元，那是一笔很大的数目啊！那位给钱给你的先生，他是不是脑子有问题……"

小女孩露出甜美的微笑，回答说："不，我不认识他，他也不是我的什么远房亲戚，我想……他脑子应该也没有问题！为什么给我这么多钱，我也不知道啊……"尽管记者用尽一切方法追问，仍然无法探个究竟。

这位小女孩努力地想了又想，约摸过了十分钟，她若有所悟地告诉父亲："就在那一天，我刚好在外面玩，在路上碰到那个人，当时我对他笑了笑，就只是这样啊！"

父亲接着问："那么，对方有没有说什么话呢？"

小女孩想了想，答道："他好像说了句'你天使般的微笑，化解了我多年的苦闷！'爸爸，什么是苦闷啊？"

原来，那个路人是一个富豪，一个不是很快乐的有钱人。他脸上的表情一直是非常冷酷而严肃的，整个小镇根本没有人敢对他笑。他偶然遇到这个小女孩，对他露出了真诚的微笑，使他心中不自觉地温暖了起来，让他尘封了不知多少年的心扉打开了。

于是，富豪决定给予小女孩四万美元，这是他对那时候他所拥有的那种感觉定出的价格。

看，这就是微笑的魅力。生活离不开微笑，微笑是善良的表现，微笑是真诚的流露，微笑是沟通人们心灵的调和剂。它能很快缩短你与他人间的距离，表达出你的善意、愉悦，给人春风般的温暖。在我们的生活中不能没有微笑，如果我们想要发展良好的人际关系，建立积极的心态，那么我们非要学会真诚和发自内心的微笑不可。对销售员来说，更是如此。

销售员的微笑是创造财富的来源，"要把销售做得好，天天微笑少不了"。因此，销售人员要学会用真诚的微笑去打动客户，以甜蜜的微笑去赢得客户，把温暖带给客户，把幸福传给客户。

日本有近百万的寿险从业人员，其中很多人不知道日本前10名寿险公司总经理的姓名，但却没有人不知道原一平。原一平的一生充满传奇。他从被乡村里的人公认为无可救药的小太保，到最后成为日本保险业连续15年保持全国业绩第一的"推销之神"，他的微笑亦被评为"价值百万美元的微笑"。

　　原一平在最初成为推销员的七个月里，连一分钱的保险也没拉到，当然也就拿不到分文的薪水。为了省钱，他只好上班不坐电车，中午不吃饭，晚上睡在公园的长凳上。但他依旧精神抖擞，每天清晨五点起床从"家"徒步上班。一路上，他不断微笑着和擦肩而过的行人打招呼。

　　有一位绅士经常看到他这副快乐的样子，很受感染，便邀请他共进早餐。尽管他饿得要死，但还是委婉地拒绝了。当得知他是保险公司的推销员时，绅士便说："既然你不赏脸和我吃顿饭，我就投你的保好啦！"他终于签下了生命中的第一张保单。更令他惊喜的是，那位绅士是一家大酒店的老板，帮他介绍了不少业务。从此，原一平的命运彻底改变了。由于原一平的微笑总能感染顾客，他成了日本历史上最为出色的保险推销员；而他的微笑，亦被评为"价值百万美元的微笑"。原一平的笑容是如此的神奇，在给顾客带来欢乐与温暖的同时，也给自己带来了巨额的财富和一世的英名。

　　作为一个销售员，如果你脸上总是能面带微笑的话，那无疑是一笔巨大的无形资产。即使你的笑容不是那么阳光灿烂，那也不重要，重要的是你时常保持着微笑。在人们的工作和生活中，没有一个人会对一位终日愁眉苦脸的人产生好感；相反，一个经常面带微笑的人，往往也会使他周围的人心情开朗，受到周围人的欢迎。在一般情况下，如果你对别人皱眉头，别人也会用皱眉头回敬你；如果你给别人一个微笑，别人就会用更加灿烂的微笑回报你。

一位女士在几个朋友的陪伴下想买一条裤子。她当时穿的是条大脚裤，上衣也较宽松，给人的感觉又矮又胖，很不好看。像她这种体形的女士穿裙子比较适合，裙子可以掩盖其短处。于是，推销员给她挑了条过膝的中裙和一件得体的上衣，让她试穿，开始她不肯试裙子，怕不好看。推销员微笑着，真诚地说服她试穿，就在她从试衣间里出来的那一刻，她的几个朋友都说好看，显瘦又显年轻。于是，她满意地买下了这套衣服，并对推销员说："你的微笑很有亲和力，今天如果不是你热忱、真诚的服务，我可能永远不会穿裙子，以后我还会再来你这儿买衣服。"

微笑是建立良好形象的最有利的肢体语言。对销售员来说，在客户面前，流露出自然而甜美的微笑，会给客户一种亲近、友善、和蔼的感觉，让人在心中留下美好难忘的第一印象，为下一步的销售活动奠定良好的基础。但销售人员还要注意，微笑不是那种程式化的、机械化的微笑，而是要做到自然而然，发自肺腑，这样才能打劫人心。

总之，微笑是一个销售员迈向成功的所必须掌握的技能之一，在漫长的销售生涯中，要想走得长远和持久，就要面带微笑。

一张小小的名片，背后却有一套礼仪

名片，是现代人进行交往联络的一种基本工具。当今社会，人际交往频繁，不分行业职位，不分白领蓝领，名片广泛使用。对销售员来说，更是如此。名片是个人身份的证明，自我推介的媒体，能起到结交朋友、增进了解、拓展业务、联络感情的作用。人们在各类场合与他人进行交际应酬时，倘若离开了名片的使用或者不善于使用名片，往往直接有碍于彼此之间的沟通，而且还有可能导致个人形象受损。

在一次商业聚会上，王总经朋友介绍认识了某公司的张总。张总热情地将自己的名片递给王总，王总接过后将名片放在餐桌上继续交谈。一会儿，又来了一位新朋友，王总向他索要名片，那位新朋友恰巧没带。于是，王总将新朋友的信息直接记载张总的名片上，之后又习惯性地将名片卷揉玩弄。宴会结束后，王总热情邀请张总下次再聚，但张总根本不理他，王总纳闷极了。

上例中的王总对于名片这种交往方式太心不在焉了，他没有认识到他的举动对别人是非常不礼貌的，从而使自己失去了再次交流的机会，也失去了许多潜在的商机。

名片是一个人身份的象征，当前已成为人们社交活动的重要工具。对销售员来说，如何交换名片不但是其个人修养的一种反映，还是对客户尊重与否的直接体现。因此，名片的递送、接受、索取也要讲究社交礼仪。

1. 名片的递交

在销售的过程中，如果你需要主动地把本人的名片递给他人时，首先应当选择适宜的时机。唯有在确有必要时递上名片，才会令其发挥功效。客户产生了了解你的欲望，方为递上名片的最佳时机。递上名片，不宜过早或过迟。不要滥发名片，尤其是尽量不要在大庭广众之下同时向多位陌生客户递上名片。

双方交换名片时，正规的做法应是首先向位高者递上名片，再由后者回复前者。不过，对这一规定也不宜过于拘泥。需要向多人递上名片时，切勿跳跃式进行，或者遗漏其中的某些人。得体的方法，应当是由尊而卑或者由近而远地依次进行。

递上名片时，应当先向接受名片者打上一个招呼，令对方有所准备。既可以先作一下自我介绍，也可以说"请多多指教""希望今后保持联系""可否交换一下名片"。

递上名片时，应表现得郑重其事。不仅应当起身站立，主动走向对方，面含笑意，而且还应当以双手或右手持握名片，并且将名片正面面对对方。不要以左手递上名片，也不要在递上名片时将其反面对着对方。

2. 名片的接受

接受他人的名片时，不论自己多忙，均应暂停手中所做的一切事情，并且起身站立，面含微笑地迎向对方。尽量使用双手接过名片，至少也要使用右手，而不能仅用左手。

但凡有可能，接过他人名片后，即应用较短的时间，将其从头至尾默读一遍。若有疑问之处，还可当场向对方进行请教。

收到他人的名片后，切勿对其随意把玩，或者将其乱丢乱放。一般应将他人的名片放入自己的名片夹、公文包、办公桌或上衣口袋之内，把它扔在桌子上、压在玻璃板之下或者放在裤袋里是不礼貌的。

接受他人名片之后，一般均应当即回上对方一枚自己的名片。没有名片，名片用完了，或者忘了带名片的话，亦应以适当的方式向对方略加解释。切勿既不回上自己的名片，也不做出合情合理的解释。

3. 名片的索取

依照惯例，通常尽量不要向他人直接开口索要名片。万一确有必要那样做时，则可相机采取下列方法：

一是互换法。所谓互换法，即以自己的名片为媒介与交往对象互换名片的做法。其具体方法有二：可以首先递上自己的名片，等候对方有来有往地回复自己；也可以在递上自己的名片之时明言此意："能否有幸与您交换一下名片？"

二是暗示法。所谓暗示法，是指在索取他人的名片时采用婉言暗示的做法。通常，向尊长暗示自己索取名片之意时，可以说："请问以后如何向您请教？"而向平辈或晚辈表达此意时，则可以询问对方："请问今后怎样与您联络？"

4. 名片的保存

保存名片时，必须把别人的名片和自己的名片分开来放。因为如果错把别人的名片递送给对方，将是一件非常失礼的事情，而且也会造成尴尬的场面。

有些销售员喜欢把名片放在西裤的后口袋里，这样固然很方便，但会给人一种不尊重对方的感觉，所以名片还是放在西装上衣口袋比较好。

总之，一张小小的名片，却包含着无限的信息，它成为了销售员与客户沟通的桥梁，学会使用名片，它将是你进入客户心扉的通行证。

第四章 积极行动
——迈出伟大的第一步

没有行动，成功永远只是个白日梦

纵观销售行中的那些顶尖的销售员，他们之所以成功，不是因为他们懂得比别人多，而是做得比别人多。说一尺不如行一寸，行动是成功的保障。不管这一行动是否会显现出效果，但不行动便无所谓成功。

有个落魄的中年人每隔三两天就到教堂祈祷，而且他的祷告词几乎每次都相同："上帝啊，请念在我多年来敬畏您的份上，让我中一次彩票吧！阿门。"但他却从来没中过奖。

终于有一次，他跪着说："我的上帝，为何您不垂听我的祈求？让我中彩票吧！只要一次，让我解决所有困难，我愿终身奉献，专心侍奉您……"

就在这时，圣坛上空传来一阵宏伟庄严的声音："我一直垂听你的祷告。可是，最起码，你老兄也该先去买一张彩票吧！"

心动不如行动。再美好的梦想与愿望，如果不能尽快在行动中落实，最终只能是纸上谈兵，空想一番。人们常说，心想事成。这句话本身没有错，但是很多人只把想法停留在空想的世界中，而不落实到具体的行动中，因此常常是竹篮子打水一场空。所以，有了梦想，就应该迅速有力地实施和执行。坐在原地等待机遇，无异于盼天上掉馅饼。

美国联合保险公司的创办人和总裁克莱门特·斯通从他坎坷的创业史中由衷地感慨："我相信，'行动第一！'这是我最大的资产，这种习惯使我的事业不断成长。"毫无疑问，那些成大事者都是勤于行动的实践者。在销售的道路上，我们同样需要行动，用实际行动来证明自己，不断创造良好的销售业绩。

一位侨居海外的华裔大富翁，小时候家里很穷，在一次放学回家的路上，他忍不住问妈妈："别的小朋友都有汽车接送，为什么我们总是走回家？"妈妈无可奈何地说："我们家穷！""为什么我们家穷呢？"妈妈告诉他："孩子，你爷爷的父亲，本是个穷书生，十几年的寒窗苦读，终于考取了状元，官达二品，富甲一方。哪知你爷爷游手好闲，贪图享乐，不思进取，坐吃山空，一生中不曾努力干过什么，因此家道败落。你父亲生长在时局动荡战乱的年代，总是感叹生不逢时，想从军又怕打仗，想经商时又错失良机，就这样一事无成，抱憾而终。临终前他留下一句话：大鱼吃小鱼，快鱼吃慢鱼。"

"孩子，家族的振兴就靠你了，干事情想到了看准了就得行动起来，抢在别人前面，努力地干了才会有成功。"他牢记了妈妈的话，以十亩祖田和三间老房子为本钱，成为了富甲一方的商人。他在自传的扉页上写下这样一句话："想到了，就是发现了商机，行动起来，就要不懈努力，成功仅在于领先别人半步。"

成功者的路有千条万条，但是行动却是每一个成功者的必经之路，也是一条捷径。空想家与行动者之间的区别就在于是否进行了持续而有目的的实际行动。实际行动是实现一切改变的必要前提。

对销售员来说，光有提高业绩的理想是不行的，还要付诸行动，否则理想就是空想。在理想的实现上，成功者的共性是，一旦锁定目标，就马上行动起来，不断拼搏，不达目标誓不罢休。

也许你早已经为自己的销售事业勾画了一个美好的蓝图，但是它同时也给你带来烦恼，你感到自己迟迟不能将计划付诸实施，你总是在寻找更好的机会，或者常常对自己说：留着明天再做。这些做法将极大地影响你的做事效率。因此，要获得成功，你必须立刻开始行动。任何一个伟大的计划，如果不去行动，就像只有设计图纸而没有盖起来的房子一样，只能是一个空中楼阁。

为明确的目标而行动

对一名销售员来说，明确自己的目标和方向是非常必要的。只有对自己的销售工作有个恰如其分的设计，知道你的目标是什么，你才能够达到自己的目的，你的梦想才会变成现实。

没有明确的目标，就如同大海中的船舶失去了灯塔的指引，永远无法靠岸。而明确自己的目标，则能找到方向，为工作和生活带来奇迹，找到执行的动力。

有这样一位保险销售员，他一直都希望能跻身于最高业绩的行列中。但是一开始这只不过是他的一个愿望，从没真正去争取过。直到三年后的一天，他想起了一句话："如果让目标和愿望更加明确，就会有实现的一天。"

于是，他就开始设定自己希望的总业绩，然后再逐渐增加，这里提高5%，那里提高10%，结果顾客却增加了20%，甚至更高。这激发了这位保险销售员的工作热情。从此他不论什么状况，任何交易都会设立一个明确的数字作为目标，并在一两个月内完成。

"我觉得，目标越是明确越感到自己对达成目标有股强烈的自信与决心。"他说。他的计划里包括"我想得到的地位、我想得到的收入、我想具有的能力"，然后，他把所有的访问都准备得充分完善，学习相关的业界知识加之多方面的努力积累，终于在第一年的年终，使自己的业绩打破了空前的纪录，以后的年头成果更佳。

最后，这位保险销售员做了一个结论："以前，我不是不曾考虑过要扩展业绩、提升自己的工作能力。但是因为我从来只是想想而已，不曾付诸行动，当然所有的愿望都落空了。自从我明确设立了目标，以及为了切实现目标而设定具体的数字和期限后，我才真正感觉到，强大的推动力正在鞭策我去达成它。"

由此可见，目标是一个人奋斗和努力的方向，也是一种对自己的鞭策。只有有了目标，才会有热情、有积极性、有使命感和成就感，才能最大限度地发挥自己的优势，调动沉睡在心中的那些优异、独特的品质，造就自己璀璨的人生。

一位名人曾经说过："无目标的生活，犹如没有罗盘而航行。"当一个人不知道他下一步要干什么的时候，他是颓废的。所以说，目标是我们行动的指南，做任何事情都要有明确的目标。销售工作也是如此。

成功的销售员都有明确的目标和计划，他们总是在不断地调整自己的目标，制定相应的计划，并严格地按计划办事。日本保险业的销售大王原一平，给自己的目标和计划就是每天拜访20个客户，如果哪天没有达到，他就一定不吃饭也要坚持晚上出去。就是凭借这种坚忍不拔的精神，使他当之无愧地成为顶尖的销售大王，也给他带来巨大的财富。

销售工作以业绩论成败。每天，我们都要问问自己的目标是什么？我们今天将会用什么样的方式去更加靠近它？在行为上，我们有没有可以调试的地方？

中国教育电视台"保险英雄"栏目的主持人于文博最初只是保险公司的普通业务销售员。因为工作非常努力，他从老师到保险员，从保险员到节目主持人，一步一步地成长起来。在成长过程中，他曾经一度想放弃。但是他妻子对他说：从事保险工作是你一生的承诺，我不相信你的承诺就这么终止。

为了忠实于自己的承诺，于文博只好硬着头皮继续干。他重新树立目标，当年就创造出湖北省最佳业绩。他在开始的时候，第一天拜访20家客户，第二天拜访了七八家客户，第三天拜访了三四家客户，第四天不敢再去拜访了。因为陌生感给他带来了巨大的恐惧。最后出于对目标的忠诚,他参考了泰国保险大师庄忠鹏的办法,每天早上放20个硬币,每拜访一个顾客就翻转一个硬币,到晚上必须把这20个硬币全部翻转后才能回家。

有的时候,直到晚上十一二点,没有翻过来的硬币还有五六个,怎么办? 很多人可能会想:很晚了,明天再作吧。但是于文博不是这样,只要还差一个客户没有拜访,他就不回家。他跑到肯德基、KTV,跑到一切还有人在的地方继续奋斗。这样,有时候要到凌晨三点半钟,他才能回家睡一个安稳觉。一个月下来,他拿到了6000张名片,经过慢慢梳理、有效选择,他的业绩慢慢地创造出来。

目标就是希望,目标就是挖掘潜能的动力。如果你想获得销售事业上的成功,你就必须要先有一个明确的目标。有了目标,有了指引前进方向的"指南针",你的工作就会变得有目的、有追求,一切似乎清晰、明朗地摆在你的面前。什么是应该去做的,什么是不应该去做的,为什么而做,为谁而做,所有的问题都是那么明显而清晰。总之一句话,只有明确的行动目标才会有为之奋斗的不竭动力。

另外,当你设定了明确的目标,你把它深植在潜意识中,你对自己的销售工作就会有正面积极的态度,努力完成目标。明确的目标永远是自我激励的原动力,当你面对销售失败或挫折的时候,没有什么比你自己的理想更能激励你勇往直前。

汽车销售员约翰忘我地工作了三年,成绩也还算不错,只是近段时间有一种强烈的不安之感时时袭来。

"难道我就这样继续生活吗？销售员的生涯能够保障我的未来吗？

销售员的实际成绩是与其意志的强弱成正比的。如果总是认为自己"不行"，那么，"不行"就会成为现实。

"什么？我就不信在今后两个月中，销售额达不到十万元！这个目标也不是很多啊。"如果能下定这样的决心，那也就一定能成为现实。

已经是年终了，可是约翰先生在这些天的销售额却仍旧是零，就在这天回家途中，他在田间小路上指天发誓："坚持，坚持，一定要坚持到底！否则，我的目标就要泡汤了。"正是出于这种对目标的自我激励和坚定不移的信念，到最后的期限时，约翰先生竟一口气销售出五辆汽车。就此，有人向他询问："您提高销售业绩的窍门是什么？"

"用红铅笔把销售目标醒目地写在笔记本或纸条上，贴在厕所、枕边、饭桌上，使自己得以时时刻刻感受到它的压力。"

明确的目标是一个销售员自我激励最重要的关键，也是使你能够进入充分发挥自己潜在能力的钥匙，所以你必须为自己设定、引导、激励你每天努力工作的目标！

销售人员订立目标时，应注意：

1. 目标不能订太高，否则无法实现，就变成白日做梦、痴心妄想，势必影响斗志、情绪低落；

2. 制定目标要先定下可行的目标，然后分成若干步骤和阶段，做好具体的行动计划，拾级而上，自然步步高升；

3．等计划拟定好之后，接着就依计划去开展工作，并不断回头验收成果，看自己的所作所为与计划是否一致；

4．根据行动计划来核对自己的工作状况，查看每天的销售方向是否有误；

5．通常每月、每周、每日的计划是固定的，行动计划却会因公司各个时期的营业方针或政策有所改变；

6．当工作一件件接踵而来时，最好能及时处理掉；

7．一定要坚持，不能半途而废，哪怕是完成不了也不能轻易放弃。

总之，设定目标是销售员成功的方法之一，因为有了目标就有动力，有了动力就会促使自己对成功的渴望。

任何行动之前都要做好充分准备

机会总是给有准备的人的，而有准备的人也总是有勇气和信心去抓住机会。林肯曾说："我相信，我若是无话可说时，就是经验再多，年龄再老，也不能免于难为情的。"这话说得很深刻。对销售人员来说，要进行成功的销售，就必须有充分的准备，准备好自己的谈话内容，烂熟于胸；准备好客户的资料，了如指掌；准备好危机应对，未雨绸缪……

在销售活动中，你多一方面的准备，就少一方面的担心忙乱。否则，没有准备好就出现在客户面前，就像没有穿衣服一样。

作为一个销售员，在拜访客户时，通常在头天的晚上就会做好心理准备，设计访问的方式以及预期访问的效果。然而，有的时候出门时却常常把最不引人注意又最为重要的东西丢下。出门前没有注意到，直到与客户谈好生意，临到签合同时才发现，没有合同书，或钢笔没有墨水了等。如果客户是一个作风严谨的人，面对这种情况，很可能选择取消与你的这笔生意，因为他可能把你的行为看成是你的企业管理的质量低下，销售员去谈生意不带合同书、质量证书……这不只是一个笑话，对于销售工作来说，它也是一次相当重大的责任事故。

可见，销售之前，没有充分的工作计划和准备是不可想象的。作为一名销售员，谁是你的顾客，他住在哪里，做什么工作，有什么爱好，你如何去接触他……这所有的问题，都必须事先了解清楚。你还要了解行业、了解竞争对手、了解自己的短期目标和长期目标。在销售之前，有计划、有准备，才能取得最后的胜利。

美国房地产开发商约翰·W·加尔布雷斯深感销售前做好准备的重要性。他的儿子丹现在是该公司的负责人，加尔布雷斯常常会兴致勃勃地讲起，丹曾经如何为一次重要的销售活动做好充分准备："有一次，我和丹正和一家大公司的总裁商谈一笔生意，这笔生意牵涉到我们一幢价值600万美元的大楼的售后回租事宜。这类生意往往需要你对所谈到的利率和租金了如指掌。利率波动一个小数点就可能导致10年或20年多收或少收一大笔租金。所以，在和这家公司会谈前，我建议丹背下那些利率幅度在3.5%与5.5%之间的租金表。

　　"也许你想不到，当我们进入谈判的最后阶段时，那家公司的老板要求我们算出几个与不同利率相对应的不同租金数额。他一定以为我们会向他借计算器，但是我们却没借，丹毫不费力地、飞快地算了出来。那位老总自然也就明白了丹在开会之前早已做好充分准备。他当然知道没有人能够如此快地心算出那些利率，但是丹显然给他留下了深刻的好印象。丹赢得了他的尊敬，他也就对我们充满了信心——我们终于成交了。"

　　加尔布雷斯坚持认为："你必须做好准备，因为那是一切的基础。你对你的生意了解得越多越好。没有什么比你走进别人的办公室却浪费了别人的时间更无礼、更放肆的了；要是你不能回答他们所有的问题，你就是在浪费他们的时间，也包括你自己的时间。"

　　由此可见，充分的准备在销售过程中是多么的重要。充分的准备工作将确保你的销售工作顺利开展并有序进行，从而也在更大程度上使你获得成功。有大量的事前准备，到时才可轻松完成。这就是"工欲善其事，必先利其器"的道理。

　　世界最顶尖的销售员在做任何事情之前，都会做非常充足的准备，因为成功总是降临在那些有准备的人身上。美国保险业顶尖销售高手弗兰克·贝格平均每星期总花上半天的时间来做计划，每天也花一个小时来准备。在没有做好计划，完成准备之前，他绝对不会出门去做保险业务。不要以为这是浪费时间，正是因为有了完善的计划与准备，才能使他保持长久成功。

詹姆斯在一家大型公司做销售员，他的每一次销售都非常成功。不仅仅是因为他具有丰富的产品知识，关键是每次在拜访前，他都做了充分的准备，对客户的需要非常了解。在拜访客户之前，詹姆斯总是掌握了客户的一些基本资料，并常常以打电话的方式先和客户约定拜访的时间。

今天是星期四，下午四点刚过，詹姆斯精神抖擞地走进办公室。他今年35岁，身高六英尺，深蓝色的西装上看不到一丝的皱褶，浑身上下充满朝气。

詹姆斯从上午7点开始，就开始了一天的工作。詹姆斯除了吃饭的时间，始终没有停过。五点半，詹姆斯有一个约会。为了利用四点至五点半这段时间，詹姆斯便打电话，向客户约定拜访的时间，以便为下星期的销售拜访而预做安排。

打完电话，詹姆斯拿出数十张卡片，卡片上记载着客户的姓名、职业、地址、电话号码以及资料的来源。卡片上的客户都是居住在市内东北方的商业区内。

詹姆斯选择客户的标准包括客户的年收入、职业、年龄、生活方式和嗜好等。

詹姆斯的客户来源有三种：一是现有的顾客提供的新客户的资料；二是他从报刊上的人物报道中收集的资料；三是从职业分类上寻找客户。

在拜访客户以前，詹姆斯一定要先弄清楚客户的姓名。例如，想拜访某公司的执行副总裁，但不知道他的姓名，詹姆斯会打电话到该公司，向总机人员或公关人员请教副总裁的姓名。知道了姓名以后，詹姆斯才进行下一步的销售活动。

詹姆斯拜访客户是有计划的。他把一天当中所要拜访的客户都选定在某一区域之内，这样可以减少来回奔波的时间。根据詹姆斯的经验，利用45分钟的时间做拜访前的电话联系，即可在某一区域内选定足够的客户供一天拜访之用。

每次拜访下一个客户前，詹姆斯都会先给客户打个电话，约定拜访的时间，也正是因为准备充足，所以每一次推销都非常成功。

一个成功的销售员，他的成功更多地得益于会面前完备认真的准备工作。事实表明，做好准备工作，能让你更有效地拜访客户，能让你在销售前了解客户的状况，帮助你迅速掌握销售重点，节约宝贵的时间，计划出可行、有效的销售计划。

销售前的准备是至关重要的，准备的好坏直接关系到销售活动的成败。一般来说，销售前的准备工作主要包括以下几个方面：

1. 物品准备

台湾企业界流传的一句话是"销售工具犹如侠士之剑"。凡是能促进销售的资料，销售员都要带上。物品准备包括：产品样品、公司及产品资料、报价单、合同书、名片、小礼品等等。这些物品内容可以统称为拜访包，访前必须对拜访包进行仔细检查，以防遗漏必用物品。

2. 信息准备

主要是客户方面的信息，同时还包括竞争产品方面的信息，知己知彼，才能有的放矢。

3. 形象及心态准备

形象和心态是销售员拜访质量的重要因素。访前，销售人员一定要检查和调整自身的形象与心态。

4. 产品知识的准备

在销售之前，销售员应该对自己所销售的产品进行了解、研究。如果你不了解自己的产品，那么客户就会对你所进行的推销产生怀疑。在出发前，对产品做好各项准备是必不可少的。当公司推出新产品时，销售员要了解新产品的特点、卖点是什么？不了解新的销售政策，就无法用新的政策去吸引客户；不了解新产品，也就无法向客户销售新产品。

5. 明确访问的目的

我们都知道在销售之前，要制定一份销售计划，明确自己的销售目标。所谓目标，就是我们内心对一项工作完成时所预期效果的描绘。销售员出访一定要确立目标。

总之，每一位销售员都应该在销售前做好以上几方面的准备工作，以便做到心中有数，稳操胜券，提升销售业绩。

克服拖延，立即行动

有这样一个故事：

一位年轻的女士即将当妈妈了，她打算为即将出世的孩子织一身最漂亮的毛衣毛裤。她在老公的陪同下买回了一些颜色漂亮的毛线，可是她却迟迟没有动手，有时想拿起那些毛线编织时，她会告诉自己"现在先看一会儿电视吧，等一会儿再织"，等到她说的"一会儿"过去之后，可能老公快要下班回家了。于是她又把这件事情拖到明天，原因是"要给老公做晚饭"。等到孩子快要出生了，那些毛线还像新买回的那样放在柜子里。老公因为心疼老婆，所以也并不催她。后来，婆婆看到那些毛线，告诉儿媳不如自己替她织吧，可是儿媳却表示一定要自己亲手织给孩子。只不过她现在又改变了主意，想等孩子生下来之后再织，她还说："如果是女孩子，我就织一件漂亮的毛裙，如果是男孩就织毛衣毛裤，上面一定要有漂亮的卡通图案。"

　　孩子生下来了，是个漂亮的男孩。在初为人母的忙忙碌碌中，孩子一天一天地渐渐长大。很快孩子就一岁了，可是她的毛衣毛裤还没有开始织。后来，这位年轻的母亲发现，当初买的毛线已经不够给孩子织一身衣服了，于是打算只给孩子织一件毛衣，不过打算归打算，动手的日子却被一拖再拖。

　　当孩子两岁时，毛衣还没有织。

　　当孩子三岁时，母亲想，也许那团毛线只够给孩子织一件毛背心了，可是毛背心始终没有织成。

　　……

　　渐渐地，这位母亲已经想不起来这些毛线了。

　　孩子开始上小学了，一天孩子在翻找东西时，发现了这些毛线。孩子说真好看，可惜毛线被虫子蛀蚀了，便问妈妈这些毛线是干什么用的。此时，妈妈才又想起自己曾经憧憬的、漂亮的、带有卡通图案的花毛衣。

可见，拖延让人一无所获，是对宝贵生命的一种无端浪费，这样的行为在很多销售员身上也不断发生，他们甚至都没有意识到自己在拖延。

今天该做的事情拖延到明天完成，现在该打的电话拖延到一两个小时后才打，这个月该完成的报表拖延到下个月，这个季度该达到的经营计划要等到下个季度……凡事都留待明天处理的态度就是拖延。

在生活中，很多人都喜欢拖延，想着"反正还有时间，等一会再做""明天再说吧"，结果一拖再拖，最终一事无成。

对每一个渴望成功的销售员来说，拖延是最具破坏性的，它是一种最危险的恶习，它使人丧失进取心。拖延是一切目标、行动、信念的最大障碍，它总是以借口为向导，让我们坐失机会，而借口总是合情合理，让拖延顺理成章，习惯成自然，让我们的心灵难以觉察。一旦开始遇事推脱，就很容易再次拖延，直到变成一种根深蒂固的习惯。

为了克服拖延，我们要遵循的一个原则是"及时行动，绝不拖延"。我们每天都有每天的事。今天的事是新鲜的，与昨天的事不同，而明天也自有明天的事。所以应尽力做到"今日事，今日毕"，千万不要拖延到明天！

有一次，保险推销员贝吉尔去见一位准客户，这人正考虑买25万美元的保险。在这同时，有10家保险公司提出计划，角逐竞争，尚不知鹿死谁手。

贝吉尔见到这位客户时，对方应道："我已经请了一位好朋友处理，你把资料留下，好让我比较比较哪家更便宜，更适合我。"

"我有句话要真诚地告诉您，您根本没有必要比较，现在您可以把那些计划书都丢到垃圾筒里。因为保费的计划基础都是相同的起点，任何一家都是相同的。我来这里，就是帮助您做最后的决定。以银行贷款25万美元而言，受益人当然是银行。关心您的健康，才是最重要的。不用担心，我帮您约好的医生是公认最权威的，他的报告每一家保险公司都接受，何况做25万美元保金的高额保险的体检，只有他够资格。"

"难道其他保险公司不能帮我安排吗？"

"当然可以，但是你可能会耽误三天，如果您患了感冒，时间一拖，保险公司甚至会考虑再等三四个月才予以承保……"

"哦！原来这件事有这么重要。贝吉尔先生，我还不晓得你究竟代表哪家保险公司？"

"我代表客户！"贝吉尔在迅雷不及掩耳的积极行动下，顺利地签下一张25万美元的高额保险，其所凭借的利器就是及时行动，快速促成。

成功者必是行动者。对于他们来讲，时间就是生命，时间就是效率，时间就是金钱，拖延一分钟，就浪费一分钟。只有立即行动，才能挤出比别人更多的时间，比别人提前抓住机遇。所以，我们必须改掉拖延的恶习，立即行动。

下面介绍几种克服拖延的技巧，希望能够对大家有所帮助。

1．制定一个能胜任的工作或学习计划。

制定的计划一定要是你自己可以胜任的，时间也要放宽松些，并要适合自己的作息习惯。这一步重要的是让你有能力和信心坚持做成一件事，当你做出了成就后可以为你带来愉悦感和继续努力下去的动力。

2．做好自我监督或让他人帮助监督。

当一天结束时，做一下自我总结，检查一下自己的做事效率。同时，你可以把自己的计划告诉别人，让他人帮助监督。在自尊心的驱使下，可以对自己产生一定的压力，促使自己按步执行计划以按时完成。

3．做到"今日事，今日毕"。

不论你今天有多累，不论你明天的时间有多充足，不论你有多少理由，假如你想尽快改掉自己做事拖延、不能立即行动的恶习，那就每天为自己列个事情明细单，要求自己做到"今日事，今日毕"；绝不要为自己找各种各样的借口，拖拉的结果只会让有待你处理的事情变得越来越多，身心越来越疲惫。

业精于勤，唯勤奋成就事业

高尔基说过："天才就是勤奋。人的天赋就像火花，它既可以熄灭，也可以燃烧，而迫使它熊熊燃烧的办法只有一个，那就是勤奋。"爱迪生也说过："天才就是一分灵感加上九十九分汗水。"这些名言都在反复告诉我们这样一个永恒的真理：一个人能否取得成功，不是看他有多高的天赋，而关键在于他是否勤奋。销售事业也是如此。

成功的销售员不一定是最聪明的人，但一定是肯下苦工夫的勤奋人。他们不会因前进道路上的任何困难而退缩，而是坚持不懈地朝着自己的目标努力，并不断地对自己提出更高的要求。

日本著名推销员原一平说："我的座右铭是比别人的工作时间多出两到三倍。工作时间短，即使推销能力强，也会输给工作时间长的人。所以我相信如果比别人多花两到三倍的时间工作，就一定能够取得好的业绩。我要靠自己的双脚和时间来赚钱，也就是当别人在玩乐时，我也要工作。如果别人一天工作8小时，我就工作14个小时。"

原一平在69岁时的一次演讲会上，当有人问他推销的秘诀时，他当场脱掉鞋袜，将提问者请上讲台，说："请你摸摸我的脚板。"提问者摸了摸，十分惊讶地说："您脚底的老茧好厚呀！"原一平说："因为我走的路比别人多，跑得比别人勤。"

原来，原一平身材矮小、相貌平凡，对于推销员这个行业来说，原一平的先天条件实在太差了。这些不足之处影响了他在客户心中的形象，他起初的推销业绩因此很不理想。原一平后来想：既然与别人相比，我的确存在一些劣势，那就让勤奋来弥补它们吧！为了实现他争第一的梦想，原一平全力以赴地工作。早晨五点钟睁开眼后，立刻开始一天的活动：六点半钟往客户家中打电话，最后确定访问时间；七点钟吃早饭，与妻子商谈工作；八点钟到公司去上班；九点钟出去行销；下午六点钟下班回家；晚上八点钟开始读书、反省，安排新方案；十一点钟准时就寝。这就是他最典型的一天生活，从早到晚一刻不闲地工作，把该做的事及时做完，从而摘取了日本保险史上的销售之王的桂冠。

可见，勤奋足以使人们成就事业，它是所有成就伟大事业者的共同个性。世界上没有任何东西可以比得上、可以代替勤奋的意志，教育不能替代，多财的父母、多势的亲戚以及其他的一切，也都不能代替。唯有勤奋才能让你做出非凡的事业来，也唯有勤奋才能成全你的人生和事业。

著名哲学家罗素说："真正的幸福绝不会光顾那些精神麻木、四体不勤的人们，幸福只在勤劳和汗水中。"勤奋是一所高贵的学校，所有想有所成就的人都必须进入其中，在那里可以学到有用的知识、独立的精神和坚忍不拔的品质。事实上，勤奋本身就是财富，假如你是一个勤劳、肯干而又刻苦的人，就能像蜜蜂一样，采的花越多，酿的蜜也就越多，你享受到的甜美也越多。

20世纪90年代，在上海有一位名叫张诚的销售员，他蝉联了三个年度的饮水机销售冠军。回顾起他走上销售之路的原因，也是由于一件很偶然的事情。

张诚中学毕业后，原本继承父业从事车工的职业。不料，两年后由于经济不景气，工厂的订单大幅锐减，一个星期中有三天的时间根本没有工作可做。到后来，工厂连发工资都有困难。正逢此时，张诚的儿子出生了，家里的生活条件也就越来越拮据了。

有一天，他在报纸上偶然看到一则"某电器公司招聘饮水机销售员，专职、兼职均可"的广告。当时，他心想既然可以做兼职，便可以利用周末的时间去拜访客户。于是，他也不顾自己从来没有销售的实践经验，对饮水机更是一无所知，便毅然地加入了这一销售行列。

尽管张诚那时还根本不懂饮水机的工作原理，也没有经历过任何销售技巧的专业培训，但是他勤于学习，勤于与客户打交道。一个月的兼职时间很快就过去了，他以一个毫无经验的新销售员身份，实际工作时间只有八天，创下了同时间内28台饮水机的销售佳绩，勇夺整个分店之冠，这个成绩甚至超过了几名专职老销售员的业绩。

张诚的成功要诀只有一个字：勤。他每天早晨七点钟便出门，无论天气情况好与坏，都确保八点钟能准时出现在第一位客户家中，而其他很多的销售员这个时候都还在被窝里睡觉。通常晚上离开最后一位客户家时都已是九点钟了，因为他要求自己不达到满意的成绩绝不停止拜访。在这段时间的实践过程中，他的销售能力和销售技巧都取得了很大的提高，经验与胆量也在不断地提升。

所谓"一分耕耘一分收获"，只有勤学、勤练，销售工作才能顺利地开展。天下没有不劳而获的好事，好运气也要靠勤学苦练才会出现在你面前。

一个人要想在这个竞争激烈的时代脱颖而出，就必须付出比他人更多的汗水和努力，具有一颗积极进取、奋发向上的心，否则只能由平凡变为平庸，最后成为一个毫无价值和没有出路的人。

勤奋是一种不能丢弃的美德和品质。无论从事何种工作，身居何位，都要牢记勤奋这一美德。勤奋地做人，勤奋地做事，勤奋地学习和积累——唯有勤奋者才能成就不平凡的事业。

总之，销售这一行和其他行业一样，都需要勤奋。勤能补拙，勤奋造就人才。

第五章 学会说话
——让客户无法拒绝的沟通技巧

谈论对方感兴趣的事物

销售中，我们怎样做才最能打动客户的心呢？最佳的方法莫过于，谈论对方感兴趣的事物。

"只有我感兴趣的事才能吸引我"，这是每一个客户的普遍心理。所以，当你向客户介绍产品的时候，一定要想尽一切办法引起对方的兴趣，只有这样，你的销售才能有一个良好的开始。

人际关系大师卡耐基在其著作中就写道："我们要对他人真诚地感兴趣，聆听对方的谈话，就对方的兴趣来谈论以及鼓励他人谈论他自己。"当我们对他人真诚地感兴趣的时候，自然而然就会去关注他的一举一动。那么，他的每一个细节都有可能是我们与他交谈的切入点。

谈论对方感兴趣的话题，是为了与对方找到共同话题，为自己后来要说的话做铺垫。只要双方有话可谈，再不失时机地进行适当的赞美，对方就会对你产生好感。

杜佛诺公司是纽约一家面包公司，杜佛诺先生想方设法将公司的面包卖给纽约一家旅馆。四年以来，他每星期去拜访一次这家旅馆的经理，参加这位经理所举行的交际活动，甚至在这家旅馆中开了房间住在那里，以期得到自己的买卖，但他还是失败了。

"后来，"杜佛诺先生说，"在研究人际关系之后，我决定改变自己的做法。我先要找出这个人最感兴趣的是什么——什么事情能引起他的兴趣。

"我后来知道,他是美国旅馆招待员协会的会员,而且他也热心于成为该会的会长,甚至还想成为国际招待员协会的会长。不论在什么地方举行大会,他飞过山岭,越过沙漠、大海也要到会。

"所以在第二天我见他的时候,我就开始谈论关于招待员协会的事。我得到的是一种多么好的反应!他对我讲了半小时关于招待员协会的事,他的声调充满热情地震动着。我可以清楚地看出,这确实是他很感兴趣的业余爱好。在我离开他的办公室以前,他劝我也加入该会。

"这次谈话,我根本没有提到任何有关面包的事情。但几天以后,他旅馆中的一位负责人给我打来电话,要我带着货样及价目单去。

"'我不知道你对那位老先生做了些什么事,'这位负责人招呼我说,'但他真的被你搔着痒处了!'

"试想一想!我对这人紧迫了四年——尽力想得到他的买卖——我若不能找到他所感兴趣的东西,恐怕我还得紧追不舍。"

这个故事从心理学的角度来看,就非常容易解释。一般情况下,当人们遇到自己感兴趣的话题,就会投入十二分的热情;但是,如果对话题没有丝毫兴趣,即使对方热情高涨,自己也会昏昏欲睡。所以,如果你要使人喜欢你,如果你想让他人对你产生兴趣，那就记住这样的原则：谈论别人感兴趣的话题。

在销售的过程中，选择客户感兴趣的话题，是一种"攻心为上"的销售技巧。当你谈论起客户感兴趣的话题时，客户会因此解除心理戒备，在心理上产生认同和对你加倍亲近，使生意在"一团和气"中完成。因此，在与客户沟通之前，我们必须首先了解客户。

了解客户，主要是了解对方的价值取向和兴趣点，也就是了解对方对什么事情最关心、最有兴趣。一件事对某个人来说很重要，但对另一个人来说却未必重要，也许是小事一桩，甚至不值一提。如果你不了解对方的兴趣点，只顾自己自说自话，根本就引不起对方的兴致，这就起不到沟通的作用。所以，你一定要了解客户的兴趣点，必须把客户认为重要的事情摆在如同他对你一样重要的位置。你关心他的兴趣所在，这体现出你对他的了解和理解。

　　婴儿用品销售员威尔，很想在一家大型商场里举办一次婴儿用品促销活动。然而，他已经多次提出拜访商场主管，眼看着距离自己预期的活动时间已越来越近，但商场主管还是没有理会他，并且拒绝见他。

　　万不得已之下，威尔只能寻求其他的接近商场主管的办法。经过多方打听，威尔得知这位主管是个超级篮球迷，并且还是凯尔特人队的忠实球迷。于是，威尔通过商场主管的秘书，递了一张纸条给主管："下周的比赛，肯定是马刺队大胜凯尔特人队。"

没曾想，五分钟不到，商场主管就让秘书请他进其办公室。

威尔一进门，商场主管就对他嚷道："马刺队怎么可能会赢！我认为一定是凯尔特人队大胜马刺队。"

威尔听主管讲完后，才说出自己的见解，并且认为凯尔特人队下周肯定赢不了马刺队。

主管听得非常认真，兴致勃勃。这个时候，他们根本就没有谈及促销的事情。在谈了两个多小时之后，威尔才起身告辞，并且拿出了一张门票递给主管说："票就在这里，抽个空，我们一起去看看这场比赛，看谁的预测准确，你认为意下如何？"

商场主管很高兴地收下了门票，并且还一个劲地坚持自己的判断肯定不会错。

临出门时，手上拿着威尔送的门票的商场主管忽然对威尔说："听说你准备在我的商场里举办婴儿用品促销活动？这样吧，我们一起好好策划策划。弄完了这事以后，我们再一起去看球赛，我要你和我亲眼目睹我的凯尔特人队是如何狂胜你的马刺队的！"

很快，这次的婴儿用品促销活动圆满举办。威尔和主管也成为了很要好的朋友。

俗语说："话不投机半句多。"只要抓住了对方的兴趣，投其所好，不仅不会"半句多"，而且会千句万句也嫌少，越谈越投机，越谈越相好。所以说，与客户沟通的诀窍就是：配合客户的兴趣说话。

每个人都有各自不同的兴趣与爱好，一旦你能找到其兴趣所在，并以此为突破口，那你的话就不愁说不到他的心坎上，销售自然水到渠成。

恰当的提问可以使销售更顺畅

提问，是与客户沟通的最好的方法。销售员通过提问可以了解客户需要什么，不需要什么，对销售的产品的哪些方面比较感兴趣等。很多专业的销售员都会把提问作为最重要的销售手段，因为掌握客户的需求越多，向客户成功销售的可能性就会越大。一个销售员业绩的好坏，与其提问的能力是有密切关系的。

通常情况下，直接向客户提出问题，引起客户的兴趣，引导客户去思考，然后很顺利转入正式面谈阶段，这是一种非常有效的沟通方法。你可以首先提出一个问题，然后根据客户的实际反应再提出其他问题，步步进逼，接近对方。当然，你也可以开头就提出一连串问题，使对方无法回避。以下是关于销售的一个案例，也许会给你带来一些启发。

销售员：早上好，王先生，很高兴见到您！

客户：你好，有什么事吗？

销售员：（巧妙地切入话题）王先生，我是奔腾公司的赵恺，我今天特意来拜访您的主要原因是我看到了《机械工业杂志》上有一篇关于您公司所在行业的报道。

客户：是吗？说什么呢？

销售员：（展示对行业的了解，提出问题）这篇文章谈到您所在的挖掘机行业将会有巨大的市场增长，预计全年增长幅度为30%，总市场规模将达到50亿，这对您这样的领头羊企业可是一个好消息吧？

客户：是啊，前几年市场一直不太好，这两年由于西部大开发，国家加强基础设施建设，加大固定资产投资，应该还不错。

销售员：王先生，在这样的市场增长下，公司内部研发生产的压力应该不小吧？

客户：是啊，我们研发部、生产部都快忙死了。

销售员：（进一步提出问题）是吗？那真是不容易啊！王先生，我注意到贵公司打出了招聘生产人员的广告，是不是就是为了解决生产紧张的问题呢？

客户：是啊，不招人忙不过来啊！

销售员：（进一步提出问题）确实是这样。那王先生，相对于行业平均水平的制造效率4-5台/人而言，您公司目前的人均制造效率是高一些还是低一些？

客户：差不多，大概也就5-6台/人。

销售员：（进一步提出问题）那目前使用的制造设备的生产潜力有没有提升的空间呢？

客户：比较难。而且耗油率还很高呢！

销售员：（进一步提出问题）那您使用的是什么品牌的

设备呢？国产的还是进口的啊？

客户：（话题被打开）……

谈话一直继续，客户对销售代表即将推出的产品充满了期待。

上面这段交流给我们这样一个提示，有效的销售要求在销售员与顾客两方面之间的信息流动。为满足顾客的需求，销售员必须提问并能仔细倾听顾客的回答及评论。有效地提问是建立同顾客和谐关系过程中最重要的一个步骤。

所谓销售，就是要会提问，善于提问是实现成功销售的法宝。销售员通过巧妙地提问，就能使客户说出他们对购买产品或服务犹豫不决的真正原因是什么，以及他们最大的顾虑又是什么。一旦客户向销售员敞开心扉，说出自己的顾虑，销售员也就真正了解了客户拒绝购买的潜在原因，也就知道该如何妥善解决这些问题。因此，销售人员必须学会用提问来引导客户的思路，从而达到销售的目的。

下面，介绍几种常见的提问方式供销售人员参考。

1. 限定型提问

在一个问题中提示两个可供选择的答案，两个答案都是肯定的。

人们有一种共同的心理——认为说"不"比说"是"更容易和更安全。所以，销售人员向顾客提问时，尽量设法不让顾客说出"不"字来。如，与顾客约定见面时间时，有经验的销售人员从来不会问顾客："我可以在今天下午来见您吗？"因为这种只能在"是"和"不"中选择答案的问题，顾客多半只会说："不行，我今天下午的日程实在太紧了，等我有空的时候再打电话约定时间吧。"有经验的销售人员会对顾客说："您看我是今天下午两点钟来见您，还是三点钟来？""三点钟来比较好。"当他说这句话时，你们的约定已经达成了。

2. 建议式提问

当客户对购买产品犹豫不决时，销售员应该主动对客户提出购买相关产品可以获得的相关利益，并给出一些良好的建议，以刺激客户的购买欲望。例如，童车销售员就可以这样问他的客户："请问，您买这辆小车是给几个月的婴儿睡觉用还是给一两岁的婴儿坐着用？"或是问："您买这辆车是愿意让小孩骑三轮稳定些，还是要让他（她）练习一下骑两轮单车的技巧？"

短短的一个问题既赢得了客户的信任和认同，又巧妙地说出了该产品的多种功用，从而给客户留下了良好而又深刻的印象。

3. 连续肯定法提问

这个方法是指销售人员所提问题便于顾客用赞同的口吻来回答，也就是说，销售人员让顾客对其销售说明中所提出的一系列问题，连续地回答"是"，然后，等到要求签订单时，已造成有利的情况，好让顾客再一次肯定答复。

如，销售人员要寻求客源，事先未打招呼就打电话给新顾客，可说："很乐意和您谈一次，提高贵公司的营业额对您一定很重要，是不是？"（很少有人会说"无所谓"）"好，我想向您介绍我们的××产品。这将有助于您达到您的目标，日子会过得更潇洒。您很想达到自己的目标，对不对？"……这样让顾客一"是"到底。

运用连续肯定法，要求销售人员要有准确的判断能力和敏捷的思维能力。每个问题的提出都要经过仔细思考，特别要注意双方对话的结构，使顾客沿着销售人员的意图做出肯定的回答。

4. 评价性提问

评价性提问是用来向客户了解对某一问题的看法，而且这类问题一般都没有固定的答案。例如，"你觉得小型轿车怎么样？""你认为租与买哪个更合算？""要是增加一些零件存货会怎么样？"等。

评价性提问通常用来进一步挖掘相关的信息。在很多情况下，客户很可能不愿意对某个问题发表意见。这时，销售员就应该使用间接评价性的问题。间接评价性问题要求客户对第三方的观点作出评价。例如，"有报道说，某品牌电梯在消费者中信誉很高，你认为它在客户中受欢迎吗？"

5. 细节性提问

这类提问的作用是为了促使客户进一步表明观点、说明情况。但与其他提问方式不同的是，细节性问题直接向客户提出请求，请其回答。例如，"请你举例说明你的想法？""请告诉我更详细的情况，好吗？"

总之，销售洽谈的关键在于有效地利用提问。作为一个销售员，你应该学习各种提问技巧，学会怎样进行提问，这是你销售业绩迅速提升的捷径。

让幽默为销售注入活力

幽默是一种最富感染力、最具有普遍传达意义的交际艺术。人们大多喜欢和具有幽默感的人交往，因为他们能给人带来一种心灵上的愉悦和轻松。对于销售员来说，要想在市场上来往穿梭，游刃有余，不仅要有良好心态、专业知识、专业技能，还要有幽默的语言和幽默的动作，让客户在欢笑中喜欢你，接受你的服务；让客户在快乐中欣赏你，购买你的产品。

在销售中，交易的本身容易让客户充满戒备与敌意，如果销售员能够适当运用幽默的技巧，就可以消除客户的紧张情绪，使整个商谈过程变得轻松愉快，充满人情味。所以，幽默的销售员更能获得客户的欢迎，取得他们的信任，促使交易走向成功。

金牌销售员贝特经常有奇思妙想，运用一些出其不意的方法赢得客户。

有一次，他用电脑制成了一张乐透彩券，把自己的照片放入号码栏内。然后用彩色打印机印出彩券，再把彩券贴到一张厚纸板上，最后覆以锡纸，制成刮刮乐的表面。上面写着：在直排、横排或对角线中，只要出现三张相同的照片，你就中奖了。

贝特都可以想象对方收到彩券、刮出照片时是怎样一副惊奇和好笑的表情。

　　贝特把自己制好的彩券寄给了一位久攻不下的难缠客户。贝特已经连续拜访这位客户一个半月了，却连一面也没见着。给这个客户打电话，他秘书的防护坚硬如墙，把人拒之门外。没想到，贝特寄出彩券的第二天，客户就亲自打电话过来了，说："你这个人真幽默，我倒想看看制作这张彩券的人到底是何方神圣！"

　　就这样，不等贝特请求，对方就先说出了见面的时间，贝特当然也顺利地做成了一笔大生意。

　　幽默是销售成功的金钥匙，它具有很强的感染力和吸引力，能迅速打开客户的心灵之门，让客户在会心一笑后，对你、对商品或服务产生好感，从而诱发购买动机，促成交易的迅速达成。所以，一个幽默的销售员对于客户的吸引力简直是不能想象的。

　　成功的沟通，源自语言的艺术。出色的销售员，是一个懂得如何把语言的艺术融入到商品销售中的人。美国一项有329家大公司参加的幽默意见调查表明：97%的销售员认为，幽默在销售中具有很重要的价值；60%的人甚至相信，幽默感决定销售事业成功的程度。

　　当销售大师乔·吉拉德请某人在订单上签字的时候，客户却坐在那儿犹豫不决，对此，乔·吉拉德幽默地说："您怎么啦？该不会得了关节炎吧？"这句话常常能使客户忍不住哈哈大笑起来。乔·吉拉德甚至还可能放一支钢笔在他手里，然后把他的手放在订单上说："开始吧！在这儿签下您的大名。"当吉拉德这样做的时候，他的脸上带着自然大方的微笑，但同时，吉拉德又是认真的，而客户也知道吉拉德不是在开玩笑。

如果你在销售的时候表现出色，那么客户是很愿意从你那儿购物的。尽管有很多人说他们对外出购车常常感到发憷，但是乔·吉拉德的客户不会这样说。人们总是说"与乔·吉拉德做生意是一件很愉快的事情"，相信这句话并不是毫无意义的。

在销售活动中，如果你能让客户开怀大笑，你就能赢得客户，这就是幽默的力量。事实表明，具备爽朗的性格和幽默的谈吐，有助于你营造一个愉快的销售氛围。

那么，为什么爽朗和幽默的性格能吸引别人呢？这便要从人的心理角度来分析。人是一种矛盾的动物，他一方面不堪忍受孤独寂寞，要与他人交流沟通，具有群居性；另一方面人们对陌生人总有一种戒备心和恐惧感。所以，碰到陌生人的第一个反应便是关起心扉；然而又并不仅仅如此，他还想去了解探察别人。如果这个陌生人表现出爽朗善意、幽默的谈吐风度，对方便会慢慢了解到你并不是"来者不善"，从而谨慎地打开心扉。

一个销售员当着一大群客户销售一种钢化玻璃酒杯，在进行完商品说明之后，他就向客户做商品示范，即把一只钢化玻璃杯扔在地上证明它不会破碎。可是，他碰巧拿了一只质量不过关的杯子，猛地一扔，酒杯碎了。

这样的事情以前从未发生过，他感到很吃惊，客户们也很吃惊，因为他们原本已相信销售员的话，没想到事实却让他们失望了。结果，场面变得非常尴尬。

但是，在这紧要关头，销售员并没有流露出惊慌的情绪，反而对客户们笑了笑，然后幽默地说："你们看，像这样的杯子，我就不会卖给你们。"大家禁不住笑起来，气氛一下子变得轻松了。紧接着，这个销售员又接连扔了五只杯子都成功了，博得了客户们的信任，很快销售出了好多杯子。

在那个尴尬的时刻，如果销售员不知所措，没了主意，让沉默继续下去，不到三秒钟，就会有客户拂袖而去，交易也会因此而失败。但是这位销售员灵机一动，用一句话化解了尴尬的局面，从而使销售继续进行，并取得了成功。

幽默的人走到哪里就会将笑声带到哪里，如果我们是一个幽默的销售员，那么在整个交易过程中，将会给客户带来很多快乐，使客户倍感轻松。所以在销售过程中，不妨在适当的时机来点小幽默，缓和与客户之间对立的气氛，更快地达到彼此合作的目的。

总之，把幽默带进销售领域，创造一个与客户齐声大笑的场面，形成幽默的销售艺术风格，在激烈的市场竞争中就会多一份获胜的希望和意外的欣喜。

用赞美敲开顾客的心

爱听赞美之辞，是人的本性。卡耐基在他的著作中讲道："人性的弱点之一，就是喜欢别人的赞美。"的确，每一个人都觉得自己有很多值得夸耀的地方，从人的心理本质上来看，被别人承认是人的一种本质的心理需求。一个成功的销售员，会努力满足客户的这种心理需求。既然客户需要赞美，销售员就没有必要吝啬美丽的语言，因为赞美是不需要增加任何成本的销售方式。

比恩·崔西是美国的一位图书推销高手，他曾经说："我能让任何人买我的图书。"他推销图书的秘诀只有一条：善于赞美顾客。一次，他去推销图书，遇到了一位非常有气质的女士。这个时候，比恩·崔西刚刚开始运用赞美这个法宝。当这位女士听到他的赞美时脸一下子就阴了下来："我知道你们这些销售员很会奉承人，专挑好听的说，不过，我不会听你说的鬼话的。你还是节省点时间吧。"但是比恩·崔西却微笑着对她说："是的，您说得很对，销售员是专挑那些好听的话来讲，甚至会说得别人昏头昏脑的，像您这样的顾客我还是很少遇到，特别有自己的主见，从来不会受到别人的影响。"这时，细心的崔西发现，这位女士的脸已由阴转晴了，而且她问了崔西很多的问题，崔西一一真诚地作了回答。最后，崔西开始高声赞美道："您的形象反映了您高贵的个性，您的语言反映了您敏锐的头脑，而您的冷静衬托出了您的气质。"女士听了崔西的一番言论后，高兴地笑了起来，很爽快地买了一套书籍。后来，她又在崔西那里购买了上百套书籍。随着销售图书经验的日渐丰富，比恩·崔西总结了一条人性定律：没有人不爱被他人赞美，只有不会赞美别人的人。

一天，比恩·崔西到某家公司推销图书，办公室里的员工选了很多书，正要准备付钱时，忽然进来一个人，大声道："这些跟垃圾似的书到处都有，要它干什么？"崔西正准备向他露一个笑脸，那人边说边走了过来："你别给我推销，我肯定不会要，我保证不会要。""您说的是对的，您为什么要这些没用的书呢？您一定是一位知识渊博的人，很有文化素养，很有气质，要是您有弟弟或者妹妹，他们一定会以您为荣，一定会很尊重您的。"崔西微笑着，不紧不慢地说。"你怎么知道我有弟弟妹妹的？"那位先生有点兴趣地问道。崔西回答："第一眼看到您，您就是有大哥的风范，我就想，如果谁能有你这样的哥哥，一定是上帝非常眷顾的人。"结果，那个人就以大哥教导自己弟弟的语气对他说话，两个人聊了很长时间。最后，那位先生以支持崔西这位兄弟工作为由，为他自己的亲弟弟选购了五套书。崔西在当天的日记中写道："其实，我心里很明白，只要能够跟我的顾客聊上三分钟，他不买我的图书，那是不可能的。因为，无论做人还是做事，要改变一个人，最有效的方式就是：传递信心，转移情绪。"同时，他也写下了一条人性定律："人是感性左右理性的动物。若一个人的感性被真正调动了，那么，他想拒绝你比接受你还要难。而要想迅速控制一个人的感性思维，最有效和最快捷的方法就是恰如其分的赞美。"

真诚地赞美客户，一直都是销售员获得客户好感的最有效方法。法国作家安德烈·莫洛亚说过，"美好的语言胜过礼物"。在实际生活中，每个人都有一些不同于他人的东西，并常因此而引以为傲，希望为人所知，受人称赞。销售员如果能真诚地赞美客户，就可以满足他的心理需要，从而获得其好感。

赞美对于销售员来说是相当重要的，它是一件好事，但绝不是一件易事。赞美客户如果不审时度势，不掌握良好的赞美技巧，即使销售员出于真诚，也有可能将好事变成坏事。在赞美客户时，销售员要注意以下几点：

1. 因人而异

客户的素质有高低之分，年龄有长幼之别，因此，赞美要因人而异，突出个性。年长的客户总希望人们能够回忆起其当年雄风，与其交谈时，销售员可以将其自豪的过去作为话题，以此来博得客户的好感。对于年轻的客户不妨适当地、夸张地赞扬他的开创精神和拼搏精神，并拿伟人的青年时代和他比较，证明其确实前程远大。对于商人，可以赞扬其生意兴隆、财源滚滚。对于知识分子，可以赞扬其淡泊名利、知识渊博，等等。当然所有的赞扬都应该以事实为依据，千万不要虚夸。

2. 小处着手

在和客户的交往中，发现客户有显著成绩的时候并不多见，因此销售员要善于发现客户哪怕是最微小的长处，并不失时机地予以赞美，让客户感觉到销售员真挚、亲切和可信，距离自然会越拉越近。

3. 情真意切

说话的根本在于真诚。虽然每一个人都喜欢听赞美的话，但是如果销售员的赞美并不是基于事实或者发自内心，就很难让客户相信你，甚至客户会认为你在讽刺他。

4. 与众不同

在称赞客户的时候，要明白无误地告诉他，是什么使你对他印象深刻。你的赞赏越是与众不同，就会越清楚地让客户知道，你曾尽力深入地了解他并且清楚地知道自己现在有此表达的愿望。

称赞客户具备某种你所欣赏的个性时，你可以列举事例为证。比如，他提过的某个建议或采取过的某一行动："对您那次的果断决定，我还记忆犹新呢。这个决定使您的利润额上升了不少吧？"

应尽量点明你赞赏他的理由。不仅要赞赏，还要让对方知道为什么要赞赏他："当时您是唯一准确地预料到这一点的人。"

如果可能，不妨有选择地给你的一些客户或合作伙伴书面致函，表示你对他们的欣赏。只要你有充足的理由，完全可以把你的赞美之辞诉诸笔墨，书面赞赏的效果往往会更好。赞扬信不会被无故丢弃，如果你的文笔既有深度又与众不同，对方还会百读不厌。

总之，赞美客户的方式多种多样，赞美客户的技巧也有高低之别。作为一名销售人员，你一定要多多学习，因为无论什么时候，赞美都是一种极其有效的销售手段。

善于倾听更会受到顾客的欢迎

如果你要想拥有卓越的销售口才，首先必须学会仔细地倾听。也就是说，你必须抱着虚怀若谷、海纳百川的态度聆听客户的谈话。你的角色，只是一名学生和听众；让客户出任的角色，是一名导师和讲演者。

在美国，曾有科学家对同一批受过训练的保险销售员进行过研究。因为这批销售员受同样培训，业绩却差异很大。科学家取其中业绩最好的10%和最差的10%作对照，研究他们每次销售时自己开口讲多长时间的话。

研究结果很有意思：业绩最差的那一部分，每次销售时说的话累计为30分钟；业绩最好的10%，每次累计只有12分钟。

大家想，为什么只说12分钟的销售员业绩反而高呢？

很显然，他说得少，自然听得多。听得多，对顾客的各种情况、疑惑、内心想法自然了解很多，自然他会采取相应措施去解决问题，结果业绩自然优秀。

乔·吉拉德被誉为当今世界最伟大的销售员，在他的销售生涯中曾发生过一件令其终生难忘的故事。

在一次销售中，乔·吉拉德与客户洽谈顺利，正当马上就要签约成交时，对方却突然变了卦。当天晚上，按照客户留下的联系方式，乔·吉拉德打电话去求教。客户告诉他说："你的失败是由于你没有自始至终听我讲的话。就在我准备签约前，我提到我的独生子即将上大学，而且还提到他的运动成绩和他将来的抱负。我是以他为荣的，但是你当时却没有任何反应，而且还转过头去用手机和别人通电话，我一恼就改变主意了！"

此一番话重重提醒了乔·吉拉德，使他领悟到"听"的重要性，让他认识到如果不能自始至终倾听对方讲话的内容，认同客户的心理感受，难免会失去自己的客户。

客户在和销售员交谈时，都希望销售员能够耐心地听自己倾诉。一个不懂得倾听，而是滔滔不绝、夸夸其谈的销售员，不仅无法得知有关客户的各种信息，还会引起客户的反感，导致销售最终失败。无论怎样，要想成为一名成功的销售员就应当谨记，在客户兴高采烈地谈论的时候，最好做一名忠实的听众。当你这么做的时候，你会发现客户已大大提升了对你的认同度。

张楚明是个能说会道的人，他对自己一向很有自信，但是自从从事销售工作以后，反而变得不自信起来。因为无论他说得多么动听和感人，客户不但不为之所动，还断然拒绝了他的推销。为什么客户不购买他的产品呢？他自己百思不得其解。

相比之下，其他同事的业绩却比他好很多。于是，张楚明便虚心地向同事请教，询问如何才能让客户接受自己的产品。同事问张楚明是如何进行销售的，张楚明把自己的销售方式叙述了一遍，同事说："这样的销售方式就是你失败的原因！"张楚明很纳闷："为什么啊？"

同事说："客户最重视的是自己，他们希望买到的是自己最喜欢的、最需要的产品，这样客户才会产生购买的欲望。所以你所提供的产品要围绕客户，要成为他们自己想要购买的，而不是你想卖给他们的。你在销售产品的时候，只是一味地介绍产品的质量有多好，有多畅销，你注重的只是自己的产品，没有考虑到客户的感觉，所以客户才会拒绝你的推销。"

张楚明点点头，知道了自己应该怎么做。在之后的销售中，张楚明再也不以自己为中心，而是尽量倾听客户的要求和需要。结果很快就赢得了很多客户的青睐，销售业绩也有了突飞猛进的提高。

最优秀的销售员，不一定是最能说的人。老天给我们两只耳朵一个嘴巴，本来就是让我们多听少说的。善于倾听，才是一名优秀销售员最基本的素质。

大多数的人都喜欢"说"而不喜欢"听"，特别是没有经验的销售员，认为只有"说"才能够说服客户购买，但是客户的需求、客户的期望都是由"听"而获得的。你如果不了解客户的期望，你又如何能达成你取得订单的期望呢？

成功销售的一个秘诀就是"80%的时间用耳朵听，20%的时间用嘴巴说"。销售员在运用倾听技巧时，要注意以下几点：

1. 倾听的专注性

销售员要排除干扰，集中精力，以开放式的姿态认真思考，积极投入地倾听客户的陈述。

2. 听出弦外之意

俗话说，"听话听声，锣鼓听音"。在倾听的过程，销售员要认真分析客户话语中所暗示的用意与观点，整理出关键点，听出客户感情色彩，以及他要从什么方面来给你施加混乱。

3. 同步性

当倾听时，销售员要以适宜的身体语言回应，适当提问，适时保持沉默，使谈话进行下去。

4. 避免先入为主的谈话

你是否注意过，当你在和客户谈话的时候，客户对你所说的话并没有留下什么印象呢？事实上，人们总是在听对方说话时，心里却往往想着自己的事，并且想把它们说出来。如果你的客户在想着自己的心事的话，当然不会注意你所说的话了，除非他们有机会说出自己的心里话。

5. 及时总结和归纳客户观点

这样做，一方面可以向客户传达你一直在认真倾听信息，另一方面，也有助于保证你没有误解或歪曲客户的意见，从而使你更有效地找到解决问题的方法。例如："如果我没理解错的话，您更喜欢弧线形外观的深色汽车，性能和质量也要一流，对吗？"

6. 不要打断客户的谈话

很多客户都讨厌那种要小聪明、在客户说完之前就打断谈话或中间不断插话的销售员。你回想一下，你是否有在客户还在说话的时候，不假思索地把自己的想法说出来呢？甚至还会告诉客户哪儿错了，为什么错，在客户还不知道错之前就急着纠正客户。客户遇到这种情况，轻则对你毫无态度，重则会直接把你打发走的。因为客户掏钱不是来听你教训他的。他们即使再跑些冤枉路也不会买你的产品。

　　总之，在销售过程中，销售员最有效、最重要的沟通原则与技巧是成为一位好听众。如果销售员能专注倾听客户说话，自然可以使客户在心理上得到极大满足与温馨，有利于促成销售成功。

不同的顾客，不同的说服方法

　　有句俗话叫做"人上一百，形形色色"。人各有其情，各有其性。言辞表达的内容和方式要因人而异，符合接受对象的脾气性格，才有可能产生"同声相应，同气相求"的效果。在与别人交流时，聪明的人会因人而异，讲究"求神看佛，说话看人"。

　　两千多年前，孔子就注意针对学生的不同性格来回答他们的问题。有一次，孔子的学生仲由问："听到了，就可以去干吗？"孔子回答说："不能。"另一个学生冉求也问同样的问题："听到了，就可以去干吗？"孔子的回答是："那当然，去干吧！"公西华听了，对于孔子的回答感到有些疑惑，就问孔子说："这两个人问题相同，而你的回答却相反。我有点儿糊涂，想来请教。"孔子答："求也退，故进之；由也兼人，故退之。"孔子的意思是，冉求平时做事好退缩，所以我就给他壮胆；仲由好胜，胆大勇为，所以我要劝阻他，做事要三思而行。

可见，孔子诲人不是千篇一律，而是因人而异，因材施教，特别注意学生的性格特征，因此能够使学生听进自己的话。教育如此，与客户说话也是如此。

商场如战场，要想取得突出的销售业绩，销售员要了解自己，更要了解顾客。不同性格的顾客有各自的行为模式和思维方式，只有做到因人而异，销售工作才会干得更加出色。

以下就是实际分析，面对几种不同类型的顾客，销售员该用何种态度对待：

1. 对待商量型的顾客

委托销售员判断哪种商品适合自己的顾客，我们称之为商量型顾客。

这类顾客之所以找销售员商量，完全是处于对销售员的信任，因此销售员则应尽心尽职，不使顾客失望。

面对商量型顾客，销售员应作出合理的推荐，并选择在适当的时机提出建议，不要极力推销贵重商品，而不管其是否适合顾客的需求。只要顾客满意，往往会促成相关商品的出售。

2. 对待沉默型的顾客

这类顾客难开金口，沉默寡言，个性内向。在向他们进行销售面谈时，对于别人的话，他们总是瞻前顾后，毫无主见，有时即使胸有成竹，也不愿意贸然说出。但这类顾客往往态度礼貌，对销售员也很客气，即使你唠唠叨叨，也绝不采取不合作的态度，始终满面笑容，彬彬有礼，只是话很少，此时销售员一定要想办法让他先开口说话。但怎样让对方开口呢？这就要看你的口才了。例如，提出对方乐意回答的问题，或关心的话题等等。和这种顾客打交道一定要耐性十足，提出一个问题之后，即使对方不立即回答，也要礼貌地等待，等对方开了口，再提下一个问题。

3．对待冷淡型的顾客

这种顾客即使面对面还是有疏离感，就连一般的寒暄都懒得说，一副"有什么事就快说吧"的神色。对待这类生性冷淡的顾客，销售员的谈吐一定要热情，无论他的态度多么令人失望，但为了谈出一个结果，千万不要泄气，主动而真诚地和他们打交道，终究可以让他们打破沉默的。

4．对待慎重型的顾客

这类顾客生性谨慎保守。在决定购买以前，对商品的各方面会做仔细的询问，等到彻底了解合意时才下最后的决心。而在他下决心以前，又往往会与亲朋好友商量。

对于这样的顾客，销售员应该不厌其烦地、耐心解答顾客提出的问题。说话时态度要谦虚恭敬，既不能高谈阔论，也不能巧舌如簧，而应该以忠实见长，朴实无华，直而不曲，话语虽然简单，但言必中肯，给人敦厚的印象。总之，尽量避免在接触中节外生枝。

5．对待谦虚型的顾客

谦虚型顾客在挑选商品时，往往会选择价格不高的，或者质量不是太差、功能不必太齐全的商品。

销售员要先辨别对方是否是"真心英雄",说的是不是真心话,还是在那些美好的掩饰中说出的言不由衷的话。

当顾客买便宜货时,无论消费金额多少,都应视为上帝,千万不要让顾客觉得买便宜商品没面子。

6. 对待自傲自大型的顾客

这类顾客好摆架子,其目的无非是虚荣心作祟,需要别人肯定他的存在和地位。在销售过程中,这类顾客经常推翻销售员的意见,同时吹嘘自己。对于这种顾客要顺水推舟,首先让他吹个够,不但要洗耳恭听,还要不时附和几句。对于他提出的意见,销售员不要做正面反驳,等大鸣大放之后,再巧妙地将他变成听众,让他来附和你。

7. 对待博学型的顾客

如果遇到真材实料的顾客,你不妨从理论上谈起,引经据典,旁征博引,使谈话富于哲理色彩,言词含蓄文雅,既不以饱学者自居, 又给人谦冲自牧的好印象。甚至可以把你想要解决的问题,作为一项请求提出,让他为你指点迷津,把对方当做良师益友,就会取得他的支持。

8. 对待见异思迁型的顾客

这类顾客心情舒畅时非常热情,甚至使你有受宠若惊之感;但他们忧闷时,又会冷若冰霜,出尔反尔,给人一种难以捉摸的感觉。对待他们最重要的是给予充分的理解,掌握他们的心理。例如,当对方的情绪不佳时,假如你能让他倾吐内心的不满,从而使他摆脱心理上的压力,对你的销售工作将大有帮助。

总之，在销售过程中，销售员对待不同性格的顾客，要采取不同的说话方式。因人施法，因势利导，才能事半功倍。

好的开场白是销售成功的一半

俗话说："良好的开端是成功的一半。"心理学家在研究客户的消费心理时发现，销售员在与客户沟通时，客户一般只会记住销售员前两分钟的话，而且会在这两分钟内决定是否与销售员继续交流下去。因此，开场白的好坏，几乎可以决定这一次交谈的成败。

下面是一个销售员拜访客户的开场白。

销售员如约来到客户办公室："陈总，您好！看您这么忙还抽出宝贵的时间来接待我，真是非常感谢啊！"（感谢客户）

"陈总，办公室装修得虽然简洁却很有品位，可以想象到您应该是个做事干练的人！（赞美客户）

"这是我的名片，请您多多指教！（第一次见面，以交换名片自我介绍）

"陈总以前接触过我们公司吗？（停顿片刻，让客户回想或回答，给客户留时间）

"我们公司是国内最大的为客户提供个性化办公方案服

务的公司。我们了解到现在的企业不仅关注提升市场占有率和利润空间，同时也关注如何节省管理成本。考虑到您作为企业的负责人，肯定很关注如何最合理配置您的办公设备，节省成本。所以，今天来与您简单交流一下，看有没有我们公司能协助的。（介绍此次来的目的，突出客户的利益）

"贵公司目前正在使用哪个品牌的办公设备？"（问题结束，让客户开口）

陈总面带微笑，非常详细地和该销售员谈起来。

从这个例子可以看出，开场白要达到的目标就是吸引客户的注意力，引起客户的兴趣，使客户乐于与我们继续交谈下去。该案例的销售员，就是通过很好的开场白吸引了客户，有了个漂亮的开门红，从而向促成销售迈进了一步。

在与客户沟通时，前几分钟是至关重要的，并且在很多时候，第一句话的印象可以关系到整个交易的成败，即开场白的表达方式会决定是否能够打动客户的心。如果你一开始就吸引了客户的注意力，那么很可能整个交易过程都会变得很顺利。

当代世界最富权威的销售专家戈德曼博士说："在面对面的销售中，说好第一句话是十分重要的，顾客听第一句话要比听以后的话认真得多。"《华尔街日报》记者、哈佛大学客座教授尼德·尚曾自信地说："第一句话都不会说，怎么能了解对手呢，这样的傻事我可从来不干。"所以，任何一名销售员都要重视每一个开场白的设计，这样才能使销售工作顺利展开。

　　有一个销售玻璃的销售员，他的销售业绩很久以来一直排在公司的第一名。在一次授奖仪式上，主持人对他说："你能把你的经验秘籍告诉大家吗？让大家同你一起进步。"这个销售员笑着回答道："其实，答案很简单，每次去拜见新客户时，我都会带着一把锤子和一些玻璃样品。当见到客户时，我就会问他：'你是否会相信安全玻璃？'当客户表示否定的时候，我就会拿起锤子，在他们面前狠敲一下玻璃，而玻璃却不会碎。与此同时，客户通常都会表现出很惊讶的表情来。于是，我就会直接问他们需要多少这样的玻璃，然后客户就会很爽快地签订合约。"在他的这个秘籍公开后，几乎所有当地的玻璃销售员在销售玻璃时都会带上一把锤子和一些玻璃样品，以效仿他的做法。

　　但是，过了一段时间后，这名销售员的业绩仍然是最高的，他们很奇怪，这是为什么呢？于是，在另一个授奖仪式上，主持人再次问道："现在大家都做了和你一样的事情，但为什么你的销售成绩还是第一名呢？"销售员笑了一下说："其实，答案还是很简单的。上次说完那个秘诀之后，我就改变了做法。在问了客户相不相信安全玻璃后，我会把锤子交给他们的，让客户自己砸玻璃，亲自感受一下。这样的效果会比他们只是看要好得多。"

　　该销售员的聪明之处就在于能够运用独树一帜的开场白，这样不仅减轻了客户的敌对情绪，还能够缓解现场的紧张气氛。这样的开场白无疑是成功的。

无数事实表明，好的开场白会给客户留下深刻的印象，为下一步工作打下良好的基础，从而使销售的成功率大大提高。

下面是一家培训公司的销售人员小王与某互联网企业的陈经理之间的对话。销售的具体产品为小王所在公司的网络学习课程，开场白中引发客户兴趣的部分内容如下。

小王：早上好，陈经理，现在接电话方便吗？

陈经理：方便，哪位？

小王：我是培训公司的小王，陈经理，今天我打电话给您是向您真诚道歉的，希望您接受！

陈经理：道歉！你为什么要道歉？（客户听了这通莫名其妙的道歉，根本搞不清楚发生了什么事情，由此引发了好奇）

小王：是这样的，陈经理，前几天我们公司组织了一次针对互联网行业的调查活动，主要是想了解目前互联网行业销售人员与客户沟通的能力，所以我们对贵公司进行了一次调查，但事前并没有通知您，所以希望您看在我们很努力的份儿上，不要放在心上，好吗？（给出道歉的理由）

陈经理：原来是这样呀，其实也没有什么关系。

小王：谢谢您的大度，不过既然今天给您打了电话，如果您不介意的话，我就将对咱们××公司销售人员沟通能力的一个调查结果向您作个简短的汇报，也算是一个补偿，可以吗？（客户是负责销售这一块的经理，自然很关心下属的沟通能力及实际工作表现，这也进一步地引起客户的兴趣）

陈经理：可以，可以！你说说看，是什么结果？

小王：不过，陈经理，如果我说到贵公司的销售人员做得还不够完善的地方，还可以再加强一点的地方，您不会怪我吧？

客户：不要紧，你照直说就最好！

开场白的好坏，很大程度上决定了一次销售的成功与否，因此，销售员在拜访客户之前一定要想好自己的开场白，短时间内拉近双方距离，给客户留下好印象，为成交打好基础。

很多人都有这样的体验，在与陌生人会面时，心里总会打鼓："我到底该怎样说出第一句话，让他对我感兴趣呢？"而在事后，我们又往往后悔不已："我今天怎么能说那样大煞风景的话呢？""我要是换个方式，结果可能会好点儿。"然而，这个世界上没有卖后悔药的，我们只好暗下决心，第一次就要把握好说话方式，来一个漂亮的开场白。

能引起客户注意的开场白，就像是卖报人所说的话那样，我们不妨设想一下，你现在正在一个公交车站等车，一位卖报人走过来对着等车的人高喊："卖报！卖报！一块钱一份！"同样的情境，另外一位卖报人走了过来，也对着等车的人高喊："卖报！卖报！本·拉登发表新说话，称将发动大规模恐怖袭击！中国足球再遭惨败，主教练面临下课危机！最新台风明天登陆本省，中心风力可达12级！"对比一下两位卖同样报纸的卖报人，最终的结果会有什么样的差别不言而喻。后面的那位卖报人，通过非常具有诱惑力的语言，成功地吊起了等车人的胃口，激发了他们的兴趣，自然会有比较好的销售业绩。

因此可以说，开场白的好坏，可以决定销售的成败。换句话说，好的开场白就是销售成功的一半。许多客户在听销售员说第一句话的时候要比听后面的话认真得多，听完第一句话，大多数客户就自觉或不自觉地决定了是尽快打发销售员走开还是准备继续谈下去。因此，销售员要说好开场白，才能迅速引起客户的注意力，并保证销售顺利进行下去。

第六章 积累人脉
——先交朋友后做生意

真诚地关心你的客户

销售从表面看来不过是商品和货币的交换过程，仅仅存在着商家和顾客的买卖关系。其实，并非如此简单。很多时候，销售员销售的不是商品而是情感。

美国销售大王乔·坎多尔福曾说过："销售工作98%是感情工作，2%是对产品的了解。"乔·吉拉德也曾说："你真正地爱你的顾客，他也会真心爱你，爱你卖的东西。"可见，销售成功并不完全取决于技巧，有时，只要你拥有一颗爱人之心就可以了。

有一位销售员经常去拜访一位老太太，打算以养老为理由说服老太太购买股票或者债券，为此，他就常常与老太太聊天，陪老太太散步。经过一段时间，老太太就离不开他了，常常请他喝茶，或者和他谈些投资的事项。然而不幸的是，老太太突然死了，这位销售员的生意泡汤了，但仍然前往参加了老太太的葬礼。当他抵达会场时，发现竞争对手另一家证券公司竟也送来了两只花圈，他很纳闷："究竟是怎么一回事呢？"

一个月后，那位老太太的女儿到这位销售员服务的公司拜访他。据她表示，她就是那家证券公司某分支机构的经理夫人。她告诉这位销售员："我在整理母亲遗物的时候，发现了好几张您的名片，上面还写了一些十分关怀的话，我母亲很小心地保存着。而且，我以前也曾听母亲谈起过您，仿佛与您聊天是生活的快事。因此，今天特地前来向你致谢，感谢您曾如此关心我的母亲。"

夫人深深鞠躬，眼角还噙着泪水，又说："为了答谢您的好意，我瞒着丈夫向您购买贵公司的债券……"然后拿出40万元现金，请求签约。对于这种突如其来的举动，这位销售员大为惊讶，一时之间，无言以对。

这是发生在销售界的一个真实的故事。有些人可能认为这份合约来得太突然、太意外，其实不然。老太太的女儿之所以会这样做，就是因为被销售员的爱心所感动，才买下该公司的债券。

在销售的过程中，销售员要用真心热爱顾客，真心实意地去帮助客户，日久天长，你就会惊奇地发现，你对客户怎样，客户也会对你怎样。你若真心喜欢客户，客户也会真心喜欢你；你若讨厌客户，客户也会讨厌你；同样你若用心去爱客户，客户也会用心爱你。

销售是一种人与人之间的沟通和互动。而且，销售服务的过程，本身就是一个创造善、提供善、追求善的过程。离开了爱和真诚，一切的服务终将失去意义。所以说，紧扣"爱心"服务客户，销售员就能打动客户，创造服务价值。

在一个多雨的午后，一位浑身湿淋淋的老妇人，蹒跚地走进了费城百货公司。许多售货员看着她狼狈的样子，简朴的衣裙，都漠然地视而不见。这时，一个人叫菲利的年轻人走过来，诚恳地对老妇人说："夫人，我能为您做点什么吗？"她莞尔一笑："不用了，我在这儿躲会儿雨，马上就走。"

老妇人随即又不安起来，不买人家的东西，却在人家的屋檐下躲雨。她在百货公司里转起来，想哪怕买件头发上的小饰物呢，也算是个光明正大的躲雨理由。

正当老妇人神色迷茫的时候，菲利又走过来说："夫人，您不必为难，我给您搬了一把椅子放在门口，您坐着休息就是了。"

两个小时后，雨后天晴，老妇人向菲利道过谢，要了他一张名片，然后颤巍巍地走出了百货公司。

几个月后，这家百货公司的总经理詹姆斯收到一封信。原来，这封信就是那位老妇人写的，她竟是当时美国亿万富翁"钢铁大王"卡内基的母亲。信中要求将菲利派往苏格兰，去收取装潢一整座城堡的订单，还让他承包下一季度办公用品的采购，采购单都是卡内基家庭所属的几家大公司。詹姆斯震惊不已，匆匆一算，这一封信带来的利益，就相当于百货公司两年利润的总和。

詹姆斯马上把菲利推荐到公司董事会上，当他打起行装飞往苏格兰时，这位22岁的年轻人已经是这家百货公司的合伙人了。

在随后的几年里，菲利以自己一贯的真诚和诚恳，成了卡内基的左膀右臂。

戴尔·卡内基说："时时真诚地去关心别人，你在两个月内所交到的朋友，远比只想别人来关心他的人，在两年内所交的朋友还多。"一个从来不关心别人的人，一生必定遭受层层的阻碍，而真诚关心他人的人，会得到更多的帮助。所以销售人员要学会真诚关心和爱护顾客。

所谓真诚关心是发自肺腑地去关心客户。如果你能让顾客或潜在顾客感觉到，你是真心喜欢他们、关爱他们、敬重他们，那么你的销售将会无往不胜。

乔·吉拉德是世界上最伟大的销售员，他在15年里卖出13000辆汽车，最多的一年竟卖了1425辆。他的成功，在某种程度上，就是归功于他用关怀温暖了每一个人。

有一次，一位中年妇女走进他的展销室，她说想在这儿看看车打发一会儿时间。闲谈中，她告诉乔·吉拉德她想买一辆白色的福特车，就像她表姐开的那辆一样，但对面福特车行的销售员让她过一小时后再去，所以她就先来这儿看看。她还说这是她送给自己的生日礼物："今天是我55岁生日。"

"生日快乐！夫人。"乔·吉拉德一边说，一边请她进来随便看看，接着出去交代了一下，然后回来对她说："夫人，您喜欢白色车，既然您现在有时间，我给你介绍一下我们的双门轿车——也是白色的。"

他们正谈着，女秘书走了进来，将一束玫瑰花递给他。

他把花送给那位妇女："祝您长寿，尊敬的夫人。"

显然，她很受感动，眼眶都湿了。"已经很久没有人给我送礼物了。"她说，"刚才那位福特销售员一定是看我开了部旧车，以为我买不起新车，我刚要看车他却说要去收一笔款，于是我就上这儿来等他。其实我只是想要一辆白色车而已，只不过表姐的车是福特，所以我也想买福特。现在想想，不买福特也可以。"

最后，她在乔·吉拉德这儿买走了一辆雪佛莱轿车，并写了张全额支票。其实，从头到尾乔·吉拉德都没有劝她放弃福特而买雪佛莱的车子。只是因为她在这里感受了重视和关心，于是放弃了原来的打算，转而选择了乔·吉拉德的产品。

可见，销售员付出真诚，让客户感受到你的关心，就能赢得客户。

爱是这个世界所有人都没有办法拒绝的。也许客户会拒绝你的产品，但不会拒绝你的爱心和关心。只要你真诚地关心客户，就会得到意想不到的回报。人们常说"爱心有多大，事业就可以做多大"，这是很有道理的观念。所以说，销售员必须是充满爱心的人，你要爱你的产品、爱你的客户，这样你才能得到客户的回报。对客户和周围事情冷漠、无动于衷的人，是永远成为不了优秀的销售员的。人人都需要关心，如果你还没有开始关心客户，那么就从现在开始吧，因为关心永不嫌迟。

及时搜集客户信息，建立客户档案

中国有句古话："知己知彼，百战不殆。"做销售也是同样的道理。当销售员接近一个客户的时候，要做的第一件事情就是搜集相关信息。

日本销售之神原一平说，你对客户了解得越多，你销售的成功几率就越大。

原一平曾有过一次深刻的教训：

有一家销售男性产品的公司，该公司经常在报纸杂志上宣传他们的"真空改良法"。

有一天，原一平的业务顾问把原一平介绍给该公司的总经理。原一平带着顾问给他的介绍函，欣然前往。

可是，不论原一平什么时候去总经理的住处拜访，总经理不是没回来，就是刚出去。每次开门的都是一个像颐养天年的老人家。

老人家总是说："总经理不在家，请你改天再来吧！"

就这样，在近四年的时间里，原一平前前后后一共拜访了该总经理70次，但每次都扑空了。

原一平很不甘心，只要能见到那位总经理一面，纵使向他当面大叫"我不需要保险"，也比像这样连一次面都没见到要好受些。

刚好有一天，一位业务顾问把原一平介绍给附近的酒批发商Y先生。

原一平在访问Y先生时，顺便请教他："请问住在您对面那幢房子的总经理，究竟长得什么模样呢？我在近四年的时间里，一共拜访他70次，却从未和他碰过一次面。"

"哈哈！你实在太粗心大意了！那边正在掏水沟的老人家，就是你要找的总经理。"

原一平大吃一惊，因为Y先生所指的人，正是那个每次对他说"总经理不在家，请你改天再来"的老人家。

"请问有人在吗？"

"什么事啊？"

原一平第71次敲开了总经理家的大门，应声开门的仍是那位老人家。脸上一副不屑的样子，意思就像说："你这小鬼又来干什么！"

原一平倒是平静地说："你好！承蒙您一再地关照，我是明治保险的原一平，请问总经理在家吗？"

"唔！总经理吗？很不巧，他今天一大早就去国民小学演讲了。"

老人家神色自若地又说了一次谎。

"哼！你自己就是总经理，为什么要欺骗我呢？我已经来了71次了，难道你不知道我来访问的目的吗？"

"谁不知道你是来推销保险的！"

"真是活见鬼了！要是向你这种一只脚已进棺材的人推销保险的话，会有今天的原一平吗？再说，我们明治保险公司若是有你这么瘦弱的客户，岂能有今天的规模。"

"好小子！你说我没资格投保，如果我能投保的话，你要怎么办？"

"你一定没资格投保。"

"你立刻带我去体检，小鬼啊！要是我有资格投保的话，我看你的保险饭也就别再吃啦！"

"哼！单为你一人我不干。如果你全公司与全家人都投保的话，我就打赌。"

"行！全家就全家，你快去带医生来。"

"既然说定了，我立刻去安排。"争论到此划一段落。

数日后，他安排了所有人员的体验。结果，除了总经理因肺病不能投保外。其他人都变成了他的投保户。

销售之前，收集客户的信息是十分重要的事情。乔·吉拉德说："你要记下有关客户和潜在客户的所有资料——他们的姓名、地址、联系电话、他们的孩子、嗜好、学历、职务、成就、旅行过的地方、年龄、文化背景及其他任何与他们有关的事情，这些都是有用的销售情报。"的确，只有多了解你的客户，然后给你的客户建立档案，再把这些档案整理好，建成你自己的客户网，你才能有针对性地进行销售工作。

对于销售员来说，一个订单的签订通常都要经过一段时间的接触与交流。在这个过程中，销售员为了促成成交，必须尽可能多地搜集有关客户的信息，做好每天的访问记录，一方面记录在交流中掌握的客户信息，一方面记录那些已经有购买意向的客户的条件或需求。这样在再次拜访客户的时候，既可以有针对性地谈判，又可以避免出现前后不一的情况。

杰克逊是某保险公司的销售员。有一次，他乘坐出租车，在一个路口遇到红灯停了下来，跟在后面的一辆黑色轿车也与他的车并列停下。从窗口望去，那辆豪华轿车的后座上坐着一位头发斑白但颇有气派的绅士正闭目养神。

就在一瞬间，杰克逊的潜意识告诉他：机会来了。记下了那辆车的号码后，他打电话到交通监理局查询那辆车的主人，事后，他得知那辆车是一家外贸公司总经理科比先生的车子。

于是，他对科比先生进行了全面调查。随着调查的深入，杰克逊又知道了科比先生是加州人，于是他又向同乡会查询得知科比先生为人幽默、风趣又热心。最后，他终于很清楚地知道了科比先生的一切情况，包括学历、出生地、家庭成员、个人兴趣、公司的规模、营业项目、经营状况，以及他住宅附近的情况。

调查完毕之后，杰克逊便开始想办法接近科比先生。由于先前的信息搜集工作做得好，杰克逊早已知道科比先生的下班时间，所以他选定一天，在这家外贸公司的大门口前等候。

下午五点，公司下班了。公司的员工陆续走出大门，每个人都服装整齐、精神抖擞，愉快地在门口挥手互道再见。公司的规模看来不大，但是纪律严明，而且公司的上上下下充满着朝气与活力。

杰克逊把看到的一切立刻记在资料本上。

五点半，一辆黑色轿车驶到公司大门前，杰克逊一看车牌号——正是科比先生的座车。很快地，科比先生出现了，虽然杰克逊只见过他一次，但经过调查之后，他对科比先生已经非常熟悉，所以一眼就认出来了。

万事俱备，只欠东风。后来，杰克逊找了一个机会与科比先生攀谈起来，科比先生很惊讶于杰克逊对他的了解，而且对杰克逊的谈话也表现的很感兴趣。

接下来的事自然就顺理成章，杰克逊向科比先生推销保险时，他愉快地在一份保单上签上了名字。

后来，两个人成了很好的朋友，科比先生在事业上还给了杰克逊不少的帮助。

俗话说，磨刀不误砍柴工。在销售之前，搜集客户的相关信息和资料可以帮助你接近顾客，使你能够有效地跟顾客讨论问题，谈论他们自己感兴趣的话题，有了这些资料，你就会知道他们喜欢什么，不喜欢什么，你可以让他们高谈阔论，兴高采烈，手舞足蹈……只要你有办法使顾客心情舒畅，他们不会让你大失所望。

对于销售员来说，客户信息是一笔财富，可以帮助销售人员更快、更准确地把握客户的需求，从而在销售中占据主动，不断增大销售价值。

一般情况，完整的客户信息包括以下几点：

客户基本信息：客户编号、客户类别、客户名称、地址、电话、传真、电子邮件、邮编等。

联系人信息：联系人姓名、性别、年龄、爱好、职务、友好程度、决策关系等。

客户来源信息：市场活动、广告影响、业务人员开发、合作伙伴开发、老客户推荐等。

客户业务信息：所属行业、需求信息、价格信息、客户调查问卷等。

客户交往信息：交往记录、交易历史、服务历史等。

客户价值信息：客户信用信息、价值分类信息、价值状况信息等。

完整的客户信息可以帮助销售员更好地开展业务，但只凭记忆无法准确地装下如此多的客户信息，还必须建立客户档案。这样做的好处在于，能够掌握客户的一般情况，也便于对客户的产品使用情况进行统计，手头上有了客户的技术性数据，当然可以判断出客户的产品更换期限，这样也会为你的销售工作带来很大的方便。

总之，你对客户的情况了解得越透彻，你的销售工作就越容易开展，你也会得到事半功倍的效果。

开启人情账户，建立情感密码

人们常说：世上的钱债易还，人情债难还。的确，金钱的债务无论多少都有个数目，而感情的债务却无法用冰冷的数字来衡量。中国人的人情是浓得难以化开的血，只要销售员善于把握，相信对销售工作是大有好处的。

一个小渔村，由于地处偏僻，沿途人少，所以通往外界的公交只有两辆——101号车和102号车。开101号车的是一对夫妇，开102号车的也是一对夫妇。

坐车的人大多是一些船民，由于他们长期在水上生活，因此，往往是一家老小一起进城。

101号车的女主人为人很精明，她很少让船民给孩子买票，即使是一对夫妇带几个孩子，她也是熟视无睹，只要求船民买两张成人票。有的船民过意不去，执意要给大点的孩子买票，她就笑着对船民的孩子说："下次给带个小河蚌来，好吗？这次让你免费坐车。"

而102号车的女主人恰恰相反，只要有带孩子的，大一点的要全票，小一点的也得买半票。她总是说，这车是承包的，每月要向客运公司交多少多少钱，哪个月不交足，马上就干不下去了。船民们也理解，几个人就掏几张票的钱，因此，每次也都相安无事。

不过，三个月后，门口的102号车不见了，听说停开了。因为搭她车的人少，真应验了她之前的那句话：马上就干不下去了。

故事中，101号车的女主人是把人情作为她获胜的法宝，利用感情投资在这场竞争中笑到最后。

人情像是一个存折，它是积蓄在人生银行账户中的，人情生意做得越多，人的一生的财富就会越丰厚。所以，人情账户存储的积累本身就是一笔丰厚的财富，而这笔财富是心与心的互换，是爱与爱的付出，更是金钱买不到也换不走的。天下没有一次性的人情。其实，帮人就是积德，帮人就是积善。这是中国传统中的礼尚往来，也是人情账户的全部精髓之所在。

人际往来，帮忙是互相的，且不可像做生意一样赤裸裸地，一口一个"有事吗""你帮了我的忙，下次我一定帮你"。忽视了感情的交流，会让人兴味索然，彼此的交情也维持不了多长时间。所以人情往来要讲究自自然然，不故意"打埋伏"，以免被别人想："和他做朋友，如果没用处，肯定会被一脚踢开！"

某位企业董事长的交际手腕高人一筹。他长期承包那些大电器公司的工程，对这些公司的重要人物常施于小恩小惠，以求得到他们的支持。但是这位董事长的交际方式与一般企业家的交际方式的不同之处在于：不仅结交公司要人，对年轻职员也殷勤款待。

所以，当自己认识的某位年轻职员晋升为科长时，他会立即跑去庆祝，赠送礼物。年轻科长自然十分感动，无形中产生了感恩图报的意识。这样，当有朝一日这位职员晋升为处长或经理等要职时，仍记着这位董事长的恩惠。因此在生意竞争十分激烈的时期，许多承包商倒闭的倒闭，破产的破产，而这位董事长的公司却仍旧生意兴隆，其原因之一就是他平常人际关系中感情投资更多。

故事中的这位董事长经营人脉的方法是值得借鉴的。这也告诉我们，经营人脉要有长远眼光，尽量少做临时抱佛脚的买卖，而要注意有目标的长期感情投资。

中国有很多关于以心换心、以情动情的民谚："投之以桃，报之以李""你敬我一尺，我敬你一丈"等等，说明付出了总会有收获。很多时候，你在为自己人情账户储蓄的同时，被帮助的人也会牢牢记住你给予的帮助与恩情，因此，把你当成一辈子都不敢忘记的人来报答。当你遇到困境需要帮助的时候，开启你人情账户的密码，只要你开口甚至不需要开口，你曾经帮助过的人一定会在关键的时刻站出来，帮助你渡过难关并走出困境。

对销售人员来说，"人情"真是一笔不可估量的财富。你从事经营活动，无非是想丰富你的生活，实现你的价值，将理想付诸行动。而"人情"这东西不仅可以帮你实现这一切，还会使你拥有被人们欢迎喜爱的充实感、快乐感。

"礼"到万事成，小礼物有大作用

"礼多人不怪"，这是古老的中国格言，它在今天仍有十分实用的效果。《礼记·曲礼上》说："礼尚往来，往而不来，非礼也，来而不往，亦非礼也。"这正是中国人对礼的认识的真实写照。小小的一个"礼"字，在生活中常常起着润物细无声的作用。礼品是社交的纽带，出门在外，无论上班创业，都难免不了人际往来，相互间赠送礼品，不仅可以联络感情，表达情谊，有时候还能起到事半功倍的效果。

一些有经验的销售员在拜访客户时都会向他们赠送小礼品。小礼品的价值不高，却能发挥很大的效力，不管拿到赠品的客户喜欢与否，当他们感受到了你的尊重时，内心的好感必定油然而生。

销售员郑鑫与一个企业的业务经理取得了联系，通过第一次交流，郑鑫了解到了两个重要信息：一是这位经理有个上初中的女儿，并且他非常爱他的女儿；二是他自己没有多少电子商务的知识，想学习又没有学习的渠道。

于是在第二次去拜访的时候，郑鑫一口气买了七本有关电子商务和网络营销方面的书籍打算送给经理。当郑鑫从包里取出书递给他的时候，郑鑫看到了写在他脸上的惊讶和感动……

第三次去拜访时已经是临近春节了，中间因为经理经常外出考察等原因，一直也没有机会再沟通。这次去，郑鑫带了一个价值并不高的快译通电子词典，目的是给他的孩子提供一点学习上的帮助。当郑鑫把电子词典递给经理的时候，那位经理同样感动万分……

经过两次接触，他们成了朋友。书和电子词典应该算不上什么贵重礼物，但的确是郑鑫的一片心意，除了业务原因，郑鑫更愿意以朋友的身份来看待这两份小礼品。当然，合同也签下来了。

实际上，销售员的那些小礼物和客户所拥有的财富比起来，只能算是小巫见大巫。销售员应当明白，客户想要的并不是礼物，而是在礼物中所蕴含的情感。因为礼物可以用金钱买得，而情感却不能。

一般说来，赠送客户礼品，礼品不在大小，贵在让客户明白你心中有他。既要表达你和公司的诚意，又不至于使对方尴尬。否则的话，你的客户会觉得像是收了什么贿赂礼物，而且有可能认为你想收买他。所以，你在销售之前最好多做准备，要确认礼物能否被客户接受。另外，礼物太昂贵的另一个危险是，客户有可能宁可不收你的礼物，而要求你降价卖产品给他。

总而言之，送礼要把握得恰到好处，对客户的好意要有分寸，不可随便。一旦太随便，其弊端一旦发生将很难挽回。销售员与客户之间的感情，就是在这种一进一退、日积月累之中逐渐建立起来的。

究竟如何赠送客户礼品，要把握以下原则：

1. 根据不同的客户，选择不同价值的礼品。

2. 根据客户的趣味不同，精心挑选礼品。

3. 选择最佳赠送礼品的时机，给客户留下更深的印象。

4. 赠送的礼品要品质优、适用性强、经久耐用。

5. 最好让礼品更具有私人性、专一性。

6. 礼品的包装要精致美观、吸引人。

7. 根据礼品用途选择不同的赠送场合。

总之，客户是销售员的衣食父母，给客户送礼的意义无须赘言，关键是要做到选对礼、送对人、送得巧、送得妙，否则搞不好会弄巧成拙。

帮助客户就是帮助自己

人是讲感情的，销售商品也要讲感情。现在越来越多的销售员认识到"与人方便，才与己有利"，他们的市场定位也在于方便他人。经验证明，当一个销售员学会付出后，生意就会在门前等着他。

有一个保险销售员就是因为帮助客户而做成了一笔大生意。有一次，这位销售员去见一位准保户，解说过程很短，因为对方说，他那位有钱的农夫叔叔有紧急事情待办，而且他对储蓄险没兴趣。事实上，这位销售员把文件拿出来之前，准保户就已经往外走了。

销售员跟着出去后，见到顾客口中的那位叔叔正躺在地上修理汽车引擎。销售员走过去，告诉那位先生修理引擎是他最拿手的，他立刻脱掉夹克，卷起袖管，花了整整两个小时修好汽车引擎。之后，销售员再度受邀回屋里喝一杯，而女主人则留他吃晚餐。当他准备离开时，主人要求他第二天再来谈储蓄险的事。

第二天，这位销售员做成了这笔交易。

这个故事告诉我们，当你有机会帮助顾客时，千万别错过时机。你帮助了客户，替他解决了一个难题，他也因此欠了你一个人情，此时，你再向他销售产品时，他便不好意思拒绝了。所以说，当客户需要帮助时，就是销售员对他们更加关注的绝妙时机，也是销售成功的大好机会。

怀特中学毕业后，就在一家家具店做销售员。一天中午，他正在家具店里打扫地面，一位上年纪的妇女走了进来，怀特接待了她。

"我能为您做点什么吗？"

"噢，是这样的。我以前在你们店里买了一张沙发，可现在它的一条腿掉了。我想知道，你们什么时候能帮我修好？"

"您什么时候买的？"

"有10年左右了吧。"

由于沙发买的时间太久了，怀特不能马上给予答复，便跑去问经理说，有位顾客想让我们免费为她修理10年前买的旧沙发。经理吩咐怀特告诉她，下午就到她家里去修沙发。

怀特和经理给那位老妇人的沙发换了一条腿，然后就离开了。在回家的路上，怀特一声不吭。经理问："怎么了，为什么不高兴？"

"我们是卖家具的，不是修家具的。假如总是这样跑大老远地给人免费修沙发，到头来我们能挣几个钱呢？"

"不能这样想，你得尊重和帮助你的顾客。况且，学着做一些修理活儿对你没有坏处。另外，你今天错过了最重要的一个细节。我们把沙发翻过来后，你有没有注意到那上面的标签？其实，这张沙发不是我们店卖的，而是从其他家具店买的。"

"你的意思是，我们为她修沙发，一分钱不收，而她根本就不是我们的顾客？"

经理看着怀特的眼睛，郑重说道："不！现在，她是我们的顾客了。"

两天后，那位老妇人再次光临。这一次，她从怀特的店里买走了价值几千美元的新家具。

如今，怀特在销售行业已经干了30多个年头。他一直给不同的公司做销售代理，而怀特的销售业绩始终是最好的。

销售的过程是帮助顾客满足其需要的过程。销售员不要光想如何赚顾客的钱，而要先想如何满足顾客的要求，使顾客乐意掏钱买你的商品。一切销售策略的运用，旨在满足顾客的需求欲望和解决顾客的问题，同时，借以达到成功销售的目的。所以，销售员必须协助顾客得到想要的东西，然后自己才能赚钱。

古语说："水能载舟，亦能覆舟。"对于一个企业或者销售员来说，自己就是"舟"，客户就是"水"，要想让水载舟，首先就是让客户记住你，而客户能够记住你，最好的办法就是帮助他，并使他成功。

对于世界500强企业之一的通用电气（GE）公司大家都是熟悉的，也许它做大做强有很多的因素，但是其中一个很重要的因素就是GE公司帮助客户成功。

GE公司的人员曾在向美国西南航空公司销售喷气发动机和提供服务的同时，提出了希望全方位为西南航空公司提供帮助。他们希望帮助西南航空公司提高效率，降低成本。

后来，GE公司甚至提出派一名专家免费为西南航空公司工作几个月，解决一个与GE所售产品毫无关系的问题。GE的热心让美国西南航空公司觉得奇怪，不知道GE葫芦里到底要卖什么药，于是拒绝了其帮助。

经过GE公司人员的不断努力，终于说服了西南航空公司的经理们，答应让他们派专家洛里·克雷斯到该公司解决其他公司制造的零部件存在的故障。克雷斯不仅帮助解决了问题，还引入了六西格玛（6 Sigma）的概念，为西南航空公司的管理工作提供了巨大的帮助。

西南航空公司终于被GE公司的做法打动了，并对其赞赏有加，同意GE公司派出数十名人员并提供包括财务分析等在内的服务。当然，西南航空公司也一如既往地选择GE公司销售的产品及提供的服务。

成功的销售员明白，自己的客户越赚钱，自己就会越赚钱。这也正是我们所希望看到的。你对客户付出，帮助客户成功，其实就是在帮助自己成功。举个简单的例子，如果我们是生产电器的厂家，我们的客户就是各个销售我们电器的商场或者专营店，如果他们成功了，就意味着我们的产品销路很好，我们就能依赖他们的成功取得成功。反之，他们销售不出去，关门倒闭，那么我们作为厂家自然也要关门。所以，我们要想自己赚钱，就要先帮助客户赚到钱、帮客户成功，只有他们得到了好处，我们才能相应地得到好处。

学会让客户帮你销售

老客户背后存在大量的新客户。每个老客户都有一个圈子并能对这个圈子产生影响。如果你应用得当，老客户就可以变成你开拓客户的资源。

如果你的老客户十分信任你，对你抱有好感，就会为你带来新的客户，会介绍自己的朋友来找你。但是这一切的前提是你确确实实征服了他，而且你们之间有一种信任的关系。让老客户帮你销售，你会得到更多的生意。只要老客户信任你，那么你就成功在即了。

大学毕业后，贝利就开始踏上了推销某品牌纯水机的销售之路。贝利首先遇到的一个难题是，如何向那些从未听说过这种牌子的人销售。很显然，要和一些已经占领市场的名牌产品进行硬碰硬的竞争可真是不容易。

后来，贝利想到了一个绝妙的主意——让客户为自己销售！事后证明贝利的这个做法是完全正确的，因为贝利正是通过为数不多的客户而打开了销售局面。

在贝利让客户帮自己销售的经历中，让贝利记忆最为深刻的是一位叫杰克的客户。那时贝利的销售陷入困境，因为和杰克已经建立了良好的客户关系，并且逐渐成了很好的朋友，于是他们相互间也显得很亲密。有一天，贝利向他提出了帮自己销售的想法，他很爽快地就答应了。

杰克首先向他的同事和邻居推荐贝利的商品，他们用过之后都觉得比那些所谓的名牌商品实惠，因为贝利的产品质量的确很好，而且和那些名牌产品相比较，价格却比它们便宜了许多。在杰克的大力帮助下，贝利的销售业绩迅速攀升。

由此，贝利充分认识到，成功的销售需要有庞大的人际关系做后盾，这就好比一座高楼大厦的崛起需要地基一样。

据调查显示，由老客户推荐的交易成功率大约是60%，远远大于销售员自己上门销售的成功率。可见，被推荐的客户对于销售员来说多么有价值！如果你能利用老客户为你推荐生意，那么就能成功地编织出一张客户网。

日本著名销售员尾上忠史正因为清楚地知道这个道理，所以，他在全世界英文百科全书行业里，取得了突出的成就。我们来看看他是怎么让客户介绍客户的：

尾上忠史是全世界英文百科全书行业里一个有名的日本销售员。他曾经创下了辉煌的世界纪录：一个人在一个月里卖出了35套英文百科全书；率领一个十人的销售队伍，在21天内售出一千多套英文百科全书，达到了三千万日元的销售额；1975年，在"英办英文百科全书销售竞赛"中，勇夺十一项冠军，震惊业界。

尾上忠史无意中进入了销售领域。他第一天正式去销售百科全书时，像一只无头苍蝇，横冲乱撞，不知道准客户在哪里。但有一个声音在告诉他：业绩不会从天上掉下来，呆坐在那里绝对等不来客户，只有到处走，不停地到处走，机会才会自然而然地出现。因为机遇往往青睐那些有准备的人。

尾上忠史这样想着，不知不觉地来到一栋大厦面前。走到大门口时，他抬头望见那栋大厦，发现大厦华丽宏伟，但自己却没有勇气进去。于是，他又来到另一栋大厦的门前，鼓励自己一定要勇敢地走进去。他最终还是战胜不了自己，只好踯躅于街头，双臂抱胸，开始反省自己的所作所为。他发现自己对产品一知半解，欠缺信心，所以，才不敢走进任何一幢大厦。于是，他离开了大厦林立的市中心，不知不觉来到桃谷邮政医院。

尾上忠史来到医院上完厕所感觉舒服多了，准备离去时，他突然想到：有缘来到这所医院，只去趟厕所就走，未免太可惜了，不管怎么样，也应该访问一个人再走。可是，访问谁呢？他突然灵机一动，暗自想到："医院不是也有图书馆吗？把书卖给医院的图书室。"于是，他依照标志找到了图书室，很惊喜地发现图书室里面没有摆放英文百科全书。

尾上忠史心里暗自高兴，环顾四周，发现有一位妇人正在打扫卫生。于是，他走过去，很有礼貌地问道："请问图书室管理员在哪里办公呢？"

那位妇女回答道："今天是星期天，管理员放假不上班，不过，隔壁那栋大厦的三楼好像有人在。"

尾上忠史按照那位妇女的指示，来到了三楼。这里是医院各科主任的办公室，每一间房门上都分别挂着内科主任、外科主任等牌子。他按照次序一一敲门，也许是因为星期天很多人休假的缘故，那些主任们都不在。他既充满了希望，又充满了失望。带着这种复杂的心情，他一直敲门，直到走廊尽头的那间妇产科主任室才有反应。

"请进来！"尾上忠史虽然听见的是和善的声音，但他仍然紧张得冷汗直流，怀着忐忑不安的心情，小心翼翼地走了进去。

尾上忠史要见的这位妇产科主任是池田博士，他曾在德岛大学任教，是关西地区妇产科的名医。尾上忠史进门之后，根据自己这几天阅读过的资料向池田博士介绍了一番。大大出乎尾上忠史意料的是，池田竟然非常干脆地在订购单上签了字。尾上忠史怎么也没想到，自己竟然这么容易卖出了第一套百科全书。他几乎高兴得手舞足蹈，心里像吃了蜜一样。

就在他道谢后，准备转身离去时，他突然灵光一闪："客户介绍客户，我为什么不请池田这位名医帮我介绍呢？"于是，他又笑容满面地与池田聊了起来，两人一聊，才发现原来池田博士竟是尾上忠史的高中学长。两人越聊越投机，真是一见如故。最后，池田对尾上忠史说，自己的一个朋友过一会儿会来，他是布施市医师工会的副会长，平时很喜欢看书，自己很想建议他也买一套。尾上忠史听他说要给介绍生意，自然喜出望外。

过了一会儿，池田博士的好友伊藤医师来了，伊藤也是妇产科的名医。他刚坐下，池田就拿起资料向伊藤解说内容并怂恿他买。伊藤很快就被说服了，也爽快地付了订金。这时，尾上忠史不失时机地对两位医师说："承蒙两位订购，不胜感激。因为我们销售员的使命，就是积极地把好产品告知大众。所以，很冒昧地恳请两位介绍其他医师给我，失礼之请，敬请多多帮忙。"两位名医都笑着点头答应了，立即各掏出五张名片，并在名片背面写着："兹介绍好友尾上忠史，前去拜访。他贩卖的英文百科全书确实是好书，若蒙惠顾,不胜感激。"

尾上忠史喜不自胜地带着两张订单和十张介绍名片走出了桃谷医院。

过了几天后,尾上忠史根据池田博士与伊藤医师所介绍的名单逐一访问,结果在访问的四人中卖出了两套,达成50%的成交率。这样的成交率令尾上喜出望外,他感觉自己好像挖到了一座金矿。

后来,尾土忠史又从池田博士那里获得关西地区52位妇产科医师的名字,他一一拜访后,又请这52位妇产科医师介绍关西地区以外的妇产科医师。这个方法十分有效,尾上每周都能卖出三到四套,取得的成绩令许多人都目瞪口呆。

随着时间的流逝,尾上忠史积累了丰富的销售经验。他还亲自给所有订购或者写介绍信的人带去礼物,并一一拜访。经过尾上忠史的不断努力,一个客户介绍客户的"尾上销售网"就这样建立了起来。

尾上忠史之所以能取得如此业绩,一个重要的原因就是他懂得运用客户介绍客户的技巧,让每一位客户都成了他的"兼职销售员"。他真正拜访的客户其实只有池田博士一人,如果池田博士买了书之后,尾上忠史扭头就走的话,那么池田博士也不可能帮他销售。

如果有客户将你推荐给他们的朋友或者同事的话,那么销售进程就会变得容易得多。想要让客户把自己的朋友介绍给你,首先要让对方信任你。只有对方信任你，他才会愿意把自己的朋友介绍给你。

要获得对方的信任必须做到两点：

首先，要有责任感，笃守信誉。一个真正优秀的销售员拥有与时俱进的责任感，能使团队和客户共同进步，共同发展，从而建立更加广泛的人际关系网络。

其次，你能为客户提供优质的服务，用真诚打动对方的心，他才会放心把自己的朋友介绍给你。因此，作为销售员在平时就要重信誉，讲信用，以实际行动赢得客户信任。只有这样，你才能拥有"人脉"，生意才会越做越大。

总之，如果你想成为一名出色的销售员，就要建立起良好的人际关系网，让客户帮你销售，让客户成为你的"兼职销售员"。

投资朋友圈，获得好人缘

在日常生活中，我们常常能听到下面这样的对话：

A：小王这人挺不错的，你看他每天满面春风的，好像从来没什么烦心事，而且他办事人家都愿意帮忙，大家都喜欢他。

B：这有什么奇怪的，人家人缘好嘛！

的确，你的"人缘"在生活和工作中有时比你的真才实学似乎还要重要！

"人缘"，其实就是人际关系。一个人的人际关系状况，即是否有个好"人缘"直接影响到工作、学习、生活顺畅与否，更关系到办事能不能顺利地达到目的。

在这个竞争激烈的社会，有的人做起事来，左右逢源，要风得风、要雨得雨；而有的人却处处碰壁，举目四顾一片茫然。两种不同的际遇，很大程度上和你有无人缘或朋友多少有很大关系。古今中外，有很多人就是靠朋友的帮助而改变了自己的命运。

孙正义是软件银行集团公司的创始人，目前仍是该公司的总裁兼董事长。他在不到20年的时间内，创立了一个无人相媲美的网络产业帝国。

孙正义的成功与他善于利用人际关系有极大的关系。从创业之初，孙正义就有意识地扩充自己的关系网，尤其是那些可以帮助他销售新产品、组织某种活动的人。他会经常翻一翻高中、大学同学录或者同一个俱乐部、同一活动小组的名单，以便发现能够帮忙他的人。他的朋友圈面积很大，从美国总统到一般的菜贩子，从日本到世界各地，可以说遍布海内外，这都是他长期积累而成的。

朋友多就是人缘好、人缘广。对销售人员来说，如果你有广阔的人际关系，这对你的销售工作将是一笔不可估量的无形资产。因此，人缘好不只体现了你个人社交的魅力，更是你销售的资质魅力。

在生活中，若有能力的人士肯扶你一把，你的销售活动就会更加顺利，成功的机会也会相应增加。心理学家曾做过一项研究，研究对象均为学术智商很高的科学家，他们之中有的人出类拔萃，有的人成绩平平。研究结果表明：这一差别的原因，就在于那些获得大成就的人善于交际。拥有自己的广大的交际网，因而可以随时从各个方面获得自己所需要的信息或数据；而那些成绩平平的人，则因不善交际，得不到别人的帮助。

"好人缘"对一个人来说绝非可有可无，它是人生的基石，是事业的助推剂。人缘好的人处处受欢迎，办事皆顺利，身处何地都是一个焦点。它可以给你创造机遇，可以延伸你的能力，是你用之不尽的资源和财富。

新东方学校创始人俞敏洪在北大上学的时候，一直具备为别人服务的精神。他从小学一年级就一直打扫教室卫生，到了北大以后依然保持着良好的习惯，每天为宿舍打扫卫生，这一坚持就是四年。而且，他还每天拎着宿舍的水壶去给同学打水，并把这当做一种体育锻炼。同学每天看他打水，最后还产生这样一种情况，有的时候他忘了打水，同学就说："俞敏洪怎么还不去打水。"

　　十多年后，新东方学校已经做到了一定规模，俞敏洪希望找合作者，就到美国和加拿大去寻找他的那些同学。后来他的同学们确实回来了，但是给了他一个十分意外的理由。他们说："俞敏洪，我们回去是冲着你过去为我们打了四年水。"就这样，俞敏洪凭借着良好的朋友圈，在需要帮助的时候得到了很多同学前来相助，帮助他顺利渡过难关，达成新的成就。

　　一个人要想获得事业上的成功和生活的幸福，就得先聚积人气，获得好人缘。在这个纷繁复杂的世上生活，人们难免会遇到些磕磕绊绊，人缘好的人遇到这些问题，可能只需要打个电话，或者找几个朋友谈谈就把问题圆满解决了。而没有人缘的人遇到这些问题，到处求神拜佛也常常无济于事。这就是好人缘所释放出来的神奇力量。

　　有人曾问某公司董事长打拼成功的经验，他故作神秘地问："你要听大话？还是实话？"那个人说，当然是后者。他不改幽默本色，故意夸张地把门关上，然后才说："就是靠朋友。朋友越多，机会也越多。很多机会当初自己根本没想过，更没看到。"出身贫寒的他，是从小业务员做起的，凭他的学历及出生背景，竟然成就了今天的大业，确实是谁也没想到的。但他最大的优点是性格豪爽，很容易交到朋友。事实上，他也正是靠朋友的介绍、引荐、扶持，一步一个脚印才走到今天这个地步。他有两本总是随身携带的"通讯录"，因为他的人脉网络遍及各领域，上千、上万条，数都数不清。

朋友的数量与机遇成正比，丰富的朋友圈才能为你带来更多成功的机遇。也许你会说你只不过是一名普通的销售员，每天过着朝九晚五的生活，但请不要忽略人缘对自己的功用，试着多结交朋友，说不定就会有一个人为你带来梦想的机遇。

好人缘是一个人巨大的财富。生活是个大舞台，每个人都在扮演着不同的角色，又不停地变换着角色，各个角色之间时刻进行着各种各样的人际交往。好人缘就是一张广大而伸缩自如的关系网，善用这张网你可以活得轻松自在、潇洒自如，塑造一个更加完美的财富人生。

第七章 绝对成交
——让客户无法拒绝你的成交秘诀

及时捕捉客户的购买信号

在销售的过程中，客户为了保证自己所提出的交易条件，取得心理上的优势，一般不会首先提出成交，更不愿主动、明确地提出成交。但是客户的购买意向总会通过各种方式表现出来。对于销售员而言，必须善于观察客户的言行，捕捉各种购买信号，及时促成交易。

所谓购买信号，是指客户在销售洽谈过程中所表现出来的各种成交意向。有利的成交机会，往往是稍纵即逝，虽然短暂，但并非无迹可寻。客户有了购买欲望时往往会发出一些购买信号，有时这种信号是下意识地发出的，客户自己也许并没有强烈地感觉到或不愿意承认自己已经被你说服，但他的语言或行为会告诉你可以和他做买卖了。对于销售员来说，准确地把握时机是相当重要的。客户没有发出购买信号就说明你工作还没有做到家，还应该进一步刺激而不宜过早地提出交易。

促成交易的最佳时机应是客户已经在思想上接受了销售员的产品和服务。如果销售员能将产品和服务正确定位成客户需求的满足物时，客户就将能够预见到他们的需求会得到满足，并会向销售员发出相应的信号。

要识别"购买信号"，销售员必须要能把精力集中在客户身上。简单地说，购买信号就是用身体与声音表现满意的形式。这也就是说，客户所说和所做的一切都在告诉你，他（她）已作出了愿意购买的决定。在大多数情况下，购买信号的出现是较为突然的，有的时候，客户甚至可能会用某种购买信号打断你的讲话，因此，销售员需要保持警觉性。

购买信号的表现形式是复杂多样的，一般可把它分为语言信号、身体信号和行为信号。购买信号一旦出现，销售人员就要及时抓住机会，促进成交。

1. 语言的信号

客户购买信号的表现是很微妙的，有时他可以通过某些言语将这些信号传递给销售员。例如：

"听起来倒挺有趣的……"

"我愿……"

"你们的售货条件是什么？"

"它可不可以被用来……"

"多少钱？"

总之，客户如果将购买信号隐藏在他们的言语中，这时销售员更要具有很强的辨别能力，从客户的言语中找到其真实的感受，促成与客户之间的交易。

2. 身体的信号

客户的身体语言是无声的语言，它也能够表现出客户的心情与感受，它的表现形式更微妙，更具有迷惑性。请注意观察看客户是否：

突然变得轻松起来；

转向旁边的人说："你看怎么样？"

突然叹气；

突然放开交叉抱在胸前的手（双手交叉抱在胸前表示否定，当把它们放下时，障碍即告消除）；

身体前倾或后仰，变得松弛起来；

松开了原本紧握的拳头；

伸手触摸产品或拿起产品说明书；

当以上任何情形出现时，你就可以征求订单了，因为你观察到了正确的购买信号；

3. 表示友好的行为或姿态

有时客户突然对你表现出友好和客气的姿态。

"要不要喝杯咖啡？"

"要喝点什么饮料吗？"

"留下来吃午饭好吗？"

"你真是个不错的售货员。"

"你真的对你的产品很熟悉。"

请密切注意客户所说的和所做的一切，也许获得订单的最大绊脚石是销售员本人的太过健谈，从而忽视了客户的购买信号。任何时候，你认为你听到或看到了一种购买信号，你就可征求订单了。

有经验的销售员会捕捉客户透露出来的有关信息，并把它们作为促成交易的线索，勇敢地向客户提出销售建议，使自己的销售活动趋向成功。而这些购买信号对促成销售员与客户之间的交易也发挥了重大的作用，作为销售员应该对购买信号具有高度的灵敏性。一般来说，观察客户的购买意图是不难的。通过察言观色，根据客户的谈话方式或面部表情的变化，便可以作出判断。

有时，虽然客户有购买意图，但是他们仍然会提出一些反对意见。这些反对意见也是一种信号，说明双方很快就有可能达成协议，促成交易的顺利完成。例如，客户可能还会向你提出"这种产品在社会上真的很流行吗？""这种材料是否经久耐用？"等等，这些反对意见一般来说都不是根本的反对意见，客户一般也不把这些反对意见放在心上。如同作出其他任何一种决定一样，在决定拍板时，客户心里总是犯嘀咕，认为这是决定性的时刻，成败都在此一举，因此客户会有各种各样的顾虑。如费用、购买后果、购买后出现的困难、产品使用方面的困难等等。

总之，对客户所表现出来的购买信号要善于获取，利用它作好最后的成交，还要处理好这时客户提出的反对意见，确保交易能顺利进行。

上面所列的种种表现，仅仅供销售员参考与启发。一名优秀的销售员不仅知道如何捕捉客户的购买信号，而且应该知道如何利用这些购买信号来促成客户的购买行动。下面一则销售案例，或许可以给我们提供一些有益的启示：

某家保险公司的销售员对保险进行现场讲解时，一位客户发问："这种保险保费贵吗？"对于客户的这个问题，销售员可有三种不同的回答方法：

第一，直接告诉对方具体的数额。

第二，反问客户："你真的想要买吗？"

第三，不正面回答价格问题，而是向客户提出："你打算给自己买还是给家人买？"

在所举的三种答复方式中，哪一种答法为好呢？很明显，第三种答复方法可能更好一些。客户主动询问价格高低，这是一个非常好的购买信号。这种举动至少表明客户已经对销售的商品产生了兴趣，很可能是客户已打算购买而先权衡自己的支付能力是不是能够承受，如果对方对销售员介绍的某种商品根本不感兴趣，一般是不会主动前来询问价格的。这时，销售员及时把握机会，理解客户发出的购买信号，马上询问客户给谁买，会使"买与不买"的问题在不知不觉中被一笔带过，直接进入具体的成交磋商阶段。销售员利用这种巧妙的询问方式，使客户无论怎样回答都表明他已决定购买，接下来的事情就可以根据客户的需要，协商保费，达成交易。

如果销售员以第一种方式回答提问，客户的反应很可能是："让我再考虑考虑！"如果以第二种方式回答对方的问题，表明销售员根本没有意识到购买信号的出现，客户的反应很可能是："不！我只是看看。"由此看来，这两种答复都没有抓住时机，使一笔即将到手的生意失之交臂。

在销售的过程中，销售员应当时刻注意观察客户，学会捕捉客户发出的各类购买信号，只要信号一出现，就要迅速转入促进成交的阶段。

问对问题才能引领成交

在销售队伍中，经常听到的抱怨是"我们的顾客不需

要""我们的顾客没有钱""顾客说要等一段时间"等一些无法
开发和征服顾客的声音，但其根本的原因是不了解顾客的真实需
求。销售员在销售时漫无目的地向顾客介绍或者演示产品，结果
徒费口舌，不但没有把自己产品的特色向特定的消费者阐述清
晰，还误导了其他的销售员，致使整个销售队伍萎靡不振，不去
主动地开发顾客，只在消极地应对工作。

事实上，成功的销售不是如何去说服顾客，而是对顾客的需
求作出最精确的定义，根据定义出来的需求选择和解释产品。一
般情况下，产品销售成功的几率取决于消费者的需求和产品的结
合程度，所以销售员的关键是把握消费者的真实需求，按照消费
者的需求来对产品的款式、颜色、功能进行组合设计，提供给顾
客一件最适合的产品。

顾客的需求是千差万别的，不了解顾客的需求，就无法提供
有效的服务，就难以提高顾客的满意度。要了解顾客的需求，提
问题是最好的方式。通过提问可以准确而有效地了解到顾客的真
正需求，为顾客提供他们所需要的服务。

我们来看一下这位家具销售员与顾客琳达之间的对话，你可
以从中得到启发。

销售员：我们先谈谈你的生意，好吗？你那天在电话里
跟我说，你想买坚固且价钱合理的家具，不过，我不清楚你
想要的是哪些款式，你的销售对象是哪些人？能否多谈谈你

的构想？

琳达：你大概知道，这附近的年轻人不少，他们喜欢往组合式家具连锁店跑，不过，在111号公路附近也住了许多退休老人，我妈妈就住在那里。一年前她想买家具，可是组合式家具对她而言太花哨了，她虽有固定的收入，但也买不起那种高级家具。以她的预算想买款式好的家具，还真是困难！她告诉我，许多朋友都有同样的困扰，这其实一点也不奇怪。我做了一些调查，发现妈妈的话很对，所以我决心开店，顾客就锁定这群人。

销售员：我明白了，你认为家具结实，是高龄客户最重要的考虑因素，是吧？

琳达：对，你我也许会买一张300美元沙发，一两年之后再换新款式。但我的客户生长的年代与我们有别，他们希望用品常葆如新，像我的祖母吧，她把家具盖上塑胶布，一用就是30年。我明白这种价廉物美的需求有点强人所难，但是我想，一定有厂商生产这类的家具。

销售员：那当然。我想再问你一个问题，你所谓的价钱不高是多少？你认为主顾愿意花多少钱买一张沙发？

琳达：我可能没把话说清楚。我不打算进便宜货，不过我也不会采购一堆路易十四世的鸳鸯椅。我认为顾客只要确定东西能够长期使用，他们能接受的价位应该在450美元到600美元左右。

销售员：太好了，有两个品牌的沙发符合你的要求，我花几分钟跟你谈两件事：第一，我们的家具有高雅系列，不论外形与品质，一定能符合你客户的需要，至于你提到的价钱，也绝对没问题；第二，我倒想多谈谈我们的永久防污处理，此方法能让沙发不沾尘垢，你看如何？

琳达：没问题。

这位销售员与顾客琳达交谈的过程中，通过针对性地提问了解到顾客的需求，并清楚、准确地向顾客介绍了自己的产品，让顾客确切地了解自己销售的产品如何满足她的各种需要，为销售工作打开了一个良好的局面。由此可以体现提问在销售中的重要性。

世界级销售培训大师伯恩·崔西说："如果你能提问，就永远不要开口说。"正确的提问才能引起客户的注意，引发客户的思考，掌握主动，取得销售成功。所以，把说话的机会留给客户，并用适当的发问引导客户说下去，是销售取得成功的关键所在。

中国有句古话："善问者能过高山，不善问者迷于平原。"如果想使交谈愉快地进行，巧妙提问是关键。巧妙的提问不仅能获得自己想得到的信息，而且还能令对方心情舒畅，而不当的提问，常使交谈失败。所以，销售高手会通过一系列"别有用心"的、精心设计的问题来引导客户的思路，从而达到销售的目的。

赢得客户的信任是成交的关键

一般来说，客户总会觉得，交易中存在着无数的谎言，例如价格的谎言、产品的谎言、服务的谎言等。当他们面对销售员的时候，本来就已经怀着这种心理，如果销售员还继续自己的谎言，那么，得到的将是无休止的拒绝。一个成功的销售员，需要做的是让客户看到你的诚实与守信。如果你成为客户信任的销售员，你就会受到客户的喜爱、信赖，而且能够和客户形成亲密的人际关系。一旦形成这种人际关系，客户仅仅看在你的分上，就会自然而然地购买你的产品。

无数事实表明，只有让客户产生信任感，他才会相信你销售的产品。如果无法与客户建立信任，就无法销售。如果客户对销售员的信任是有限的，就会对你说的每一句话都会抱着审视的态度，如果再加上不实之词，其结果可想而知。

当销售员以一个陌生人的身份向客户销售产品时，客户开始当然是怀着半信半疑的态度来看待你和你的产品。从这时起，你就应致力于与客户进行心与心的沟通，让客户觉得你是个与他志趣相投的好伙伴，逐渐地博得他的信任，让他的疑虑逐步消失，最后对你完全信任，交易也就可顺利完成了。

销售员向客户销售产品，就是向客户销售人品，也就是向客户销售诚实。美国销售专家齐格拉对此深入分析道："一个能言善道而心术不正的人，能够说服许多人以高价购买低劣甚至无用的产品，但由此产生的却是三个方面的损失：顾客损失了钱，也多少丧失了对他的信任感；销售员不但损失了自重精神，还可能因这笔一时的收益而断送了销售生涯；以整个销售来说，损失的是声望和公众对他的信赖。"的确，缺乏绝对的诚实常常使销售员处于不利的地位。

> 有一个顾客问服装店的销售员："这件衣服我穿上怎么样？"
>
> "不错，很好。"那位销售员回答道。
>
> 然后，顾客又试了一件裁剪样式全然不同的衣服："这件衣服呢？"顾客同样对这件衣服表现出极大兴趣。
>
> 于是，销售员附和道："也挺好的。"
>
> 很快，这位顾客就意识到了那位销售员的建议是没有价值的。这件衣服究竟看上去如何，合身与否，他是不会对自己说真话的，他唯一的目的就是把东西卖出去。当顾客明白了这一点的时候，生意自然就不容易成交。

要博取素不相识客户的信任是一件很复杂很困难的事情，加上自己要在很短的营销时间里得到他的信任，更是一件不容易的事。但是你要知道，他既然来看你的商品，就表明他对你的商品感兴趣，至少没有厌烦。只要抓住你们在这一点上的共识，大家都有一个共同的目标，其他一切都好商量了。在这个基础上找到突破口，投其所好，对他讲的一些有道理的东西加以附和，并不时地以自己的语言表达他的意思，渐渐地，他就会觉得你们在一些问题上是有共同语言或在某些方面有许多共同之处。于是，他便慢慢地与你靠近了，不再像开始时那样存有很多的顾虑和不信任感。此时，你就应趁热打铁，向他介绍你的商品，并留有适当的思考想象的余地。当他提问题时，以那种老朋友、知心人的语气给他讲解，回答问题。当他对某些方面还有疑问时，应主动详细地向他介绍，并逐步排除他的一切疑问。

赢得客户的信任，不仅要赢得客户对你产品的信任，更为重要的是赢得客户对你本人的信任，销售工作最重要的就是信守承诺，讲信用，说到做到。作为销售员，你不光要销售出你的产品，更要销售你的人品。

金克拉是全美公认的销售大王，也是最激励人心的励志大师，下面这则故事是介绍他的一次换车的过程。

有一天，经朋友介绍，金克拉去一家汽车销售行找该车行的销售员查克。查克是个旧派风范的人，并且是个内向的人。当他为金克拉打开车门后，他说道："您必定是金克拉先生了。"金克拉回答说："是的，我正是金克拉。"查克说："金克拉先生，我要告诉您，我认为您现在开的车子是我见过最棒的车子，美观极了！

查克问金克拉说："您是不是以优惠的价格买到这部车子？"金克拉回答说："事实上正是如此。"查克说："我敢打赌，这笔交易必定对您十分有利。"

"查克，让我告诉你实情，我是以7600美元买到这部车子的。这车子可以跑5600公里，目前才跑了2100公里。"查里说："这的确是一笔对您有利的交易。"

"金克拉先生，我很高兴您能来访，让我来评估一下，您的旧车能折价多少钱。如果车子的内部和它的外观一样好，我现在就能给您答复，我们马上就能协助您更换新车，我们有可观的产品供您选择。"

查克约花了15分钟的时间，精细地评估金克拉的车况后，将车子开回到公司的停车场。坐在驾驶座旁的查克显得非常兴奋："金克拉先生，这真是我所见过的最美观的一部车子，事实上它的内部车况较外观来得更好。可我有点迷惑，但是请您不要误会，因为我很高兴您能来访，只是我有点好奇，您为何选择要在此刻更换车子？"

金克拉看着他回答说："查克，让我告诉你实情，再过三周，我的家族将在密西西比州团聚，我认为我应当开一部新的凯迪拉克去赴这次盛会。"查克显然认为这是件好事，但他并未做出任何的表示，当然他并不需要这么做。他只是取出计算机，开始进行估价，他的脸上依然带着那得意的微笑。

几分钟过后，查克将视线移到金克拉身上，以兴奋的语气告诉金克拉："金克拉先生，我有一个好消息要告诉您，因为您车子的状况良好，而我们又刚好有车子可以交货，您今天就可以以7385美元换得新车。"

"喔！喔！查克！这可是一大笔钱！"

"金克拉先生，您认为这售价太高了吗？"他并没有采取守势，也没有合理化开出的价格，他只是冷静地将问题掷回给金克拉！

金克拉回答说："查克，这已经超过了我的预算。"查克又再度直接且简单地问了金克拉一个问题："金克拉先生，您认为多少钱才是合理的价格呢？"

金克拉告诉他愿花7000美元更换新车，当然这还包括税赋。查克以惊讶的表情看着金克拉说："金克拉先生，这是不可能的。首先，您要求我们降价385美元，然后又提到税赋，我们根本不可能接受您提出的价格。但是，金克拉先生，让我向您证实一件事情。如果我们接受您的出价，您准备现在就把我们的新车开回家吗？"金克拉告诉他说："查克，7000美元可是一大笔钱，我赚钱可是不容易啊！"

查克对金克拉说："我们来谈谈7385美元的售价吧！我们已经给予您旧车2600美元的折价，您的车子已使用了四年。"他再度看着金克拉，并且以轻柔的声音表示，"您不可能再得到更公道的价格了。""我不会付给你7385美元，我只出价7000美元。"

金克拉猜想查克一定受过戏剧课程的训练。查克对金克拉一点儿都没有笑，他简明地告诉金克拉，他没有权力作这样的决定。接着，他站到金克拉的立场这边来，搭着金克拉的肩膀说："我会告诉您我将怎么做。我去跟估价员谈谈，看看是否能为您争取一些利益。我会尽一切努力让您以所出的价格开走我们的新车，我真的期望您买我们的车。"

"在我去向估价员游说之前，让我确定我们之间沟通良好并无任何误解，您出价的7000美元包含税赋等所有的费用。"金克拉回答说："没错。"

于是查克走向估价员，三分钟后他朝金克拉走来："估价员临时有急事回家去了，他要等到明天才会回来，您能够忍受这一夜的煎熬吗？"

金克拉告诉查克说，他熬得过去。查克告诉金克拉说："在您离开之前，我想再确定一下，我们彼此了解对方，在我们汽车销售业界，除非是有签过字的协议，否则口头的议价是不予承认的。不过，因为我在这一行服务了很长的一段时间，我已能分辨人们的品格高低，金克拉先生，我仍会承认我们所谈的7000美元，当然这包括税赋等费用。我相信您说话算话，我说得没错吧？金克拉先生。"

金克拉说："没有错，查克，你可以相信我。"查克说："我对您也有信心，我们以握手的方式达成我们的君子协定，我明天早上会致电给您，希望我能带给您好消息。"

隔天早上八点半，金克拉到办公室后不久，桌上的电话铃声响起，是查克的来电，他告诉金克拉说："金克拉先生，我有好消息要告诉您，我跟估价员谈过后，我们决定让您以7000美元的价格更换我们的新车，这包括税赋等一切费用。"

查克是以什么样的方式达成交易的呢？首先，他销售的方式是一以贯之的，他曾卖过车给金克拉的朋友，并产生了互信。于是，朋友又介绍金克拉去他那儿买车。所以，金克拉知道他可以信任查克，而信任正是交易中最重要的部分。其次，查克在整个销售的过程中表现极为专业，进一步增强了金克拉对他的信任感。

从这个事例可以看出，取得顾客信任是买卖成交的一个关键环节，也是销售过程的第一个阶段，是整个过程的开始，是基础。销售员只有取得顾客的信任，才能谈及成交与否。如果顾客不信任你，不信任你的商品，那么交易就不会成功。

化解客户拒绝成交的各种理由

在销售的过程中，由于多方面的原因，客户对本可以达成的交易忽然拒绝，并找出了很多理由或借口来拒绝，面对这种情况，销售员要把握住正确的态度，要保持冷静、沉住气，从借口中发觉客户的需求，把拒绝转换成每一个成交机会。

1. 客户以"再考虑考虑"为由拒绝。

我们可以采用以下方法应对：

（1）"可能是由于我说得不够清楚，以至于您现在尚不能决定购买而还需要考虑。那么请让我把这一点说得更详细一些以帮助您考虑，我想这一点对于了解我们商品的影响是很大的。"

（2）"您是说想找个人商量，对吧？我明白您的意思，您是想要购买的。但另一方面，您又在乎别人的看法，不愿意被别人认为是失败的、错误的。您要找别人商量，要是您不幸问到一个消极的人，可能会得到不要买的建议。要是换一个积极的人来商量，他很可能会让你根据自己的考虑做出判断。这两种人，找哪一位商量会有较好的结果呢？您现在面临的问题只不过是决定是否购买而已，而这种事情，必须自己做出决定才行，此外，没有人可以替您做出决定的。其实，若是您并不想购买的话，您就根本不会去花时间考虑这些问题了。"

（3）"我很高兴能听到您说要考虑一下，要是您对我们的商品根本没有兴趣，您怎么肯去花时间考虑呢？您既然说要考虑一下，当然是因为对我所介绍的商品感兴趣，也就是说，您是因为有意购买才会去考虑的。不过，您所要考虑的究竟是什么呢？是不是只不过想弄清楚您想要购买的是什么？这样的话，请尽管好好看清楚我们的产品。或者您是不是对自己的判断还有所怀疑呢？那么让我来帮您分析一下，以便确认。不过我想，结论应该不会改变的，您应该可以确认自己的判断是正确的吧！我想您是可以放心的。"

通过以上的应对，紧紧咬住对方的"考虑考虑"的口实不放，不去理会他的拒绝的意思，只管借题发挥、努力争取，尽最大的可能去反败为胜，这才是成交之道。

2. 客户以"太贵了，没钱"的理由拒绝。

下面的两句话，为你提供两个办法：

（1）"所以我才推荐您用这种产品来省钱。"

（2）"所以我才劝您用这种产品来赚钱。"

让客户知道，你的产品能够为他省钱，或能够为他赚钱，他就有理由购买。

3. 客户以"先把资料放在这儿"为由拒绝。

一位销售员到了一家公司，开始向该公司的总经理销售他的笔记本电脑。

这位总经理平日应付的销售员够多的了，所以他只是很随便地说了一句："知道了，那你先把相关的介绍资料给我吧。"

很明显，该经理根本就没有购买的意思，只是随口敷衍了一句。虽然表面上客户并没有说没有兴趣，但是他只是冷淡地让销售员把资料留下，就表明了他根本对此没有兴趣，留下资料后翻看的机会也很小，那么面对这种情形销售员应该怎么应付呢？

可以看一下下面的几个解决方案。

（1）"先生，我们的资料都是精心设计的纲要和草案，而且都是专业术语，必须配合专门人员的说明和解释，而且要对每一位客户分别按个人情况作修订，等于是量体裁衣。所以，如果您今天没有时间的话，那我星期四或星期五过来给您具体讲解。您看是上午还是下午比较好？"

（2）"先生，正因为您的时间很宝贵，所以如果让我先跟您讲一下，再把资料留给您的话，您在看资料的时候可以有重点地阅读，这样可以节省您更多的时间。您放心，我不会超过十分钟的，不知道您是星期一晚上，还是星期二晚上方便呢？"

4. 客户以"没时间"为由拒绝。

一般而言，这只不过是客户的一种借口罢了。如果你对客户的话信以为真，回答说："好吧，等您有时间我们再联络！"那么你将永远也约不到客户，因为客户是不会主动联系我们的。所以，我们要学会为客户"创造时间"，争取成交的机会。具体来说，可以采用以下两种方法。

（1）"约定时间"洽谈。"看您工作这么繁忙，打扰您还真是不好意思呢。这样吧！就五分钟，请您抽出五分钟听我说几句话，好不好？说完我立即就走。"

真正忙碌的客户，如果你事先和他约好"五分钟"，他也可能愿意抽出这五分钟时间听你说明。否则，"这个人不知道要跟我啰嗦多久"的心理，将使得他犹豫不决。

（2）先对客户"没时间"表示理解，再进一步说服。每个人都希望得到别人的理解与肯定，所以我们不妨先对客户没有时间的说法，表示理解，这样做能够让客户感受到我们对他们的体谅，然后再进一步劝说客户就更容易使其接受。比如，我们可以这样说："是的，我知道您很忙。作为一个企业的负责人，您每天都有很多事情要去处理。我这次与您通话正是为您带去一些缓解工作繁忙的方法，比如，企业如何选对人，如何降低成本、提高效率，如何培养优秀人才等。相信一定会对您有所帮助……""可以看出您是一位热爱工作、有事业心的成功人士。我拜访您的目的是想为您的工作锦上添花，向您介绍一款能够为您的工作带来极大便利的产品，我想，您稍微花点儿时间来了解让您的工作更有效率的方法一定不是件坏事，您说呢？"

找到情感的切入点

从某种角度上说，销售其实是一项情感性工作。凡是销售活动，都涉及人与人的交往，而人又是最有感情的。因此，销售员在向顾客销售商品的整个过程中，可以充分利用情感这个有利因素。运用得好，可以拉近彼此的心理距离，顺利地销售商品。

有这样一个真实的小故事：

一个人乘坐北方航空公司的飞机去长沙出差。飞机降落之后，他提着随身带的一捆资料，走到了机舱门口。空中小姐在向他微笑道别的同时，递给了他两块小方布，说："先生，请用小方布裹着绳子，不要勒坏了您的手。"这位先生倍受感动，从此每次出差或带家人出门，总是首选北航。

一句话、两块小方布，换来了一生的光顾，真是划算。这实际上就是一种情感营销，只是这种营销是那样地润物细无声，所激发的力量大得可怕。

在销售的过程中，客户从产生购买愿望到实现其购买行为，是由多种因素促成的，而情感因素时常起着决定性的作用。如果销售人员的销售行为都能从"情"字切入需求，找到与客户情感沟通的纽带，进行准确的定位和有分寸的切入，使客户持续不断地感受心灵的冲击，即能潜移默化地影响客户的心理，从而全力激发其潜在的购买意识，达到"润物细无声"的巧妙作用。

纵观那些成功的销售员和商家无一不是在"情感"上做文章。可口可乐公司太平洋集团公司总裁约翰曾讲过一句耐人寻味的话："可口可乐并不是饮料，它是一位朋友。"正因为可口可乐公司拥有远见卓识的经营哲学，奉行了成功的情感渗透策略，才使可口可乐成为一代霸主。人们之所以欢迎"情感销售"，就是因为它充满了浓浓的人情味，满足了顾客的合理需要，拨动了顾客的心弦。

一位卖宝石的销售员看见一个正在犹豫不决的中年妇女站在柜台前，便迎上去说："很高兴你能光临这里，我很乐意为你服务，你用上这东西，一定会使你变得更美，而你先生也会更喜欢你。"

不等中年妇女开口，销售员又说："你买了这东西，就是想脱手也能卖出高价钱，对你的家也是一种贡献嘛！"

中年妇女终于动了心，请销售员拿出柜台里的宝石来挑选。

上面那位销售员的成功就在于从顾客家的温馨和睦出发，并连带考虑到了增值的问题，俨然是一位老朋友在诚心诚意地为朋友着想，这种情感的注入是留住顾客的第一步。

情感与人的需要是紧密相连的。人的需要多种多样，但无论哪一种都同情感有关。如果销售员的销售策略符合客户的需要，就会产生积极的情感，进而顺利地促成客户实施购买行为。

"空中客车"飞机销售员贝尔纳·勒狄埃，从1975年受聘以来，用"情感销售法"成功地销售出了230架飞机，价值420亿法郎。

有一次，勒狄埃到印度销售飞机时，接待他的是印度航空公司决策人拉尔将军，当他打电话给他时，对方显得十分冷淡，勉强答应给他10分钟的会面时间。看起来情况不太妙。

勒狄埃决心用这难得的10分钟来扭转危机。当他跨进将军办公室时，他说："将军阁下，我衷心地向您表示谢意。因为您使我得到了一个十分幸运的机会，在我过生日的这天，又回到自己的出生地。"

"噢？你也出生在印度吗？"将军半信半疑地问道。

"是啊！"勒狄埃借机打开了话匣，"1929年3月4号，我出生在贵国的名城加尔各答。当时，我的父亲是法国密歇尔公司驻印度的代表。我们全家得到了好客的印度人民特殊的照顾。在我三岁生日时，邻居一位印度大妈送给我一件可爱的小玩具，我和印度小朋友一起乘坐在象背上，度过了我一生中最幸福的一天……"

10分钟早就超过了，但将军被勒狄埃绘声绘色的讲述吸引住了，一点儿也不想结束谈话，反而提出邀请："你能来印度过生日太好了，今天我想请你共进午餐，表示对你生日的祝贺。"

在汽车驶向餐厅的途中，勒狄埃打开公文包，取出一张颜色已经泛黄的合影，双手捧着，恭恭敬敬地展现在将军面前。

"这不是圣雄甘地吗？"将军惊讶地问。

"是呀！你再仔细瞧瞧左边的那个小男孩，那就是我。四岁时，我和父母在回国途中，曾经十分幸运地和圣雄甘地乘同一艘轮船，这张合影就是那次在船上拍的，我父亲一直把它作为最宝贵的礼物珍藏着。这次我要去拜谒圣雄甘地的陵墓……"

"我代表印度人民感谢你对圣雄甘地和印度人民的友好感情。"将军紧紧握住了勒狄埃的手。

午餐在轻松融洽的气氛中进行着，当勒狄埃告别将军时，这笔本来希望渺茫的大买卖就这样成交了。

不成功的销售各有各的原因，而成功的销售只有一个原因：它找到了满足客户情感需求的捷径与切入点，有效地调动了客户的情感。它着眼于情感、着眼于"发现和满足客户想要"，从心理需求、情感欲望上，促使客户为自己找到了最好的购买理由。客户在没有被激发出强烈的购买欲望时，不会主动采取购买的行动，而当他有这种欲望的时候，他不仅会购买，还会用逻辑分析为本次购买做出辩护。客户的购买受情感的驱使，而非完全根据逻辑推理去判断是否应该购买。所以成功的销售在于与客户进行情感对话，将客户的"我需要"变为"我想要"。只要你找对情感切入点与燃点，将会大大缩短销售面谈所花费的时间和精力，降低面谈难度，提高成交率。

掌握几种有效的成交方法

在销售领域里，成交是你做对了许多事情之后的结果，它不能作为目的。当然，成交也是非常重要的，成交才能使你的工作变得有意义，但这是建立在顾客真正需要的基础上的。

下面是许多顶尖销售高手在使用过许多成交方法之后，总结出来的几种有效的成交技巧。

1. 假设成交法

这种成交法就是根本不考虑顾客需不需要、同不同意，先假设顾客一定会买，也叫意念成交法。我们常说人的潜意识是相通的，你的潜意识已确认这笔交易成交了，那么，你的这种感觉就有可能传递给顾客。这样，你成交的几率就会大很多。

例如，销售员可以这样说：

"这种颜色的衣服正适合您的身材与皮肤，不是吗？"

"您穿这套衣服去参加朋友的生日聚会或是参加公司的会议，一定让您增色不少，不是吗？"

"让我想想，今天是星期二，我最迟在本周日把您的衣服送到。"

"您人漂亮，字一定也很漂亮，请签下您的名字，好让我们为您定衣服。"

这就是典型的假设成交法。

2. 危机成交法

通过讲述一个与顾客密切相关的事情，并阐明事情的发生对客户及周围的人造成的不良影响，从而让客户产生危机感，并最终下定决心签单。例如，销售员可以这样说：

"刘女士，据最近报道显示，该小区上个月内一共发生了三起盗窃案！为了避免给您的生活带来不必要的麻烦，建议您立即安装防盗门。"

"李经理，这段时间正是每年的招聘旺季，我们这边的摊位非常紧张，如果迟些作决定，恐怕会没有合适的位置了。我建议您现在就确定下来，我这边好给你安排一个接近入口的最佳位置。"

3. 不确定成交法

心理学有一个观点："得不到的东西才是最好的。"所以当客户在最后关头还是表现出犹豫不决时，销售员可以运用这种方法，让客户知道如果他不尽快决定的话，可能会失去这次机会。例如，销售员可以这样说：

"每年的三、四、五月都是我们人才市场的旺季，我不知道昨天还剩下的两个摊位是不是已经被预订完了。您稍等一下，我打个电话确认一下，稍后我给您电话。"

"您刚才提到的这款电脑型号，是目前最畅销的品种，几乎每三天我们就要进一批新货，我们仓库里可能没有存货了，我先打个电话查询一下。"

4. 细节成交法

就是在产品的次要问题上成交，允许顾客在交货期、产品特征、颜色等方面做出选择。很多时候，顾客怕作出错误的决定，特别是大金额的购买决定。相反，在一些小问题、简单的问题上，他们很容易接受。例如，销售员可以这样说：

"假如有这样两栋房子，一种站在阳台上可以看到一望无际的海景，一种站在阳台上可以看到天空上的美景，您更喜欢哪一种？墙壁的颜色，您喜欢白色还是蓝色？"

"看得出来，您对这栋漂亮的房子很满意，它也能满足您的需要。您想如何使用这栋房子以及要如何享受它带给您的温馨呢？"

"我希望能为您省点钱，是去我的办公室还是在这里签订书面协议呢？"

"您是用支票方便一点，还是用现金方便一点？"

5. 替客户拿主意成交法

针对某些犹豫不决的客户，销售员应该立即找出客户对产品最关注的地方，然后自作主张为客户推荐一种能够满足其需求的产品。例如，销售员可以这样说：

"王先生，如果您是考虑到耐用的话，我觉得这款产品对您是最适合不过了，因为这款产品是采用航空材料制作而成的，既耐高温又耐腐蚀。您看今天下午我们就派人送到您府上，可以吗？"

"李总，根据您刚才提到的情况，我建议您先做一期培训，看看效果。如果您对这一次比较满意的话，再安排另外的培训也不迟，您说呢？"

6. 最后期限成交法

明确告诉客户某项活动的优惠期限还有多久，在优惠期内客户能够享受的利益是什么；同时提醒客户，优惠期结束后，客户如果购买同类产品的话将会受到怎样的损失。例如，销售员可以这样说：

"张女士，这是我们这个活动在这个月的最后一天了，过了今天，价格就会上涨三分之一。如果您需要购买的话，必须马上做决定了。"

"陆总，这个月是因为庆祝公司成立十周年，所以才可以享受这个优惠的价格，下个月开始就会调到原来的价格。如果您现在购买就可以节约50元/盒，您需要购买多少呢？"

"张先生，如果你们在15号之前报名的话可以享受八折优惠。今天是十四号，过了今明两天，就不再享有任何折扣了。您看，我先帮您报名，可以吗？"

7．证人证言成交法

在销售时，销售员可以说出一位专家或是一位令顾客尊敬的人也在使用你的产品，或者你还可以向顾客提供名人见证、顾客见证。那么，你给客户的信赖感就会好很多。例如，销售员可以这样说：

"您知道王总吗？"

"非常了解，他为人非常友善，目光独到，行事果敢，能在激烈竞争的条件下，建立起自己的企业王国。"

"是的，您的说法我非常赞同，他也在使我们的产品，这是他为我写的证明信。"

然后，你把顾客为你写的证明信打开给顾客看："我已经试过了，我很喜欢它。"

8．讲故事成交法

销售员可以通过讲一个和客户目前状况紧密相关的故事，在客户听完故事后，引导其去思考、权衡，从而最终达成交易。

曾有一名做财产保险的优秀保险业务员，在公司里的业绩非常出色，他的业绩几乎占到所在部门全体业务员业绩的一半。别人问他做得如此成功的原因时，他只是回答"会讲故事就行了"。事实上他的确是这样做的，因为他养成了一个非常好的习惯，就是只要在报纸上、电视新闻里一听到、看到××人家、××公司因为什么天灾人祸导致固定财产遭受莫大损失的事，他就会立即用笔记录下来。遇到客户告诉他："我觉得买保险对我来说没什么必要，我已经拥有了足够的现金和不动产，这些财产对我来说就是今生最大的保险。"他马上会说："××先生，我非常理解您现在的想法。我以前认识一个朋友，他也像您一样，拥有超过几千万元的资产。很不幸的是，去年他在一次空难中意外丧生。因为他生前没有买保险，所以在他死后，他的家属为他的财产所付出的各种费用、税金共计超过了500万元。您不妨比较一下，是每个月支付1000多元的保险费划得来，还是损失500万元划得来呢？"

很多人听完他说的故事后，都主动地买了保险。

故事成交法的关键在于销售员平时在生活中要做一个有心人，处处留心，用心收集各类故事、新闻等。

9. 特殊待遇成交法

有不少顾客认为自己很重要，总是要求获得特殊待遇。此时，你不妨给他们一些特殊待遇，让他们感觉"自己是全世界最重要的人物"。例如，销售员可以这样说：

　　"赵女士，您是我们多年的老顾客、老朋友，我们生产的这种产品只有一点了，这是特意为您留的。毕竟照顾老朋友的优先权是我应尽的义务。"

　　"王先生，您是我们的大客户，理所当然要享受最低的价格，这样吧………"